Helene Drexler

Der große Erziehungsirrtum

Wie wir unsere Kinder zu Narzissten machen

Helene Drexler

Der große Erziehungsirrtum

Wie wir unsere Kinder zu Narzissten machen

delta X
VERLAG

1. Auflage 2022
Printed in EU
ISBN: 978-3-903229-43-3

Lektorat: Regina Erben-Hartig
Satz und Umschlaggestaltung: atelier sieben
Coverfoto: iStock / RichVintage

Inhaltsverzeichnis

Protagonisten

In den folgenden Kapiteln werden uns immer wieder beispielhaft Protagonisten begegnen, die aus verschiedenen Familien stammen. Sie seien hier, zum Überblick, angeführt:

1. Familie:
Lisa, Moderatorin und Roland, Wissenschaftler,
ihr Kind Amelia.
Credo: Leistung, Elite, Prominenz

2. Familie:
Marlies und Robert, Fleischerunternehmer,
ihre Kinder Miriam, Moni, Marie und Stefan.
Credo: Besitz, Heimat, Tradition

3. Familie:
Sylvia und Thomas,
ihre Kinder Jenny und Fanny.
Credo: soziales Engagement, Eintreten für Umweltschutz

Einleitung

In den letzten Jahren sind zahlreiche Bücher über den Narzissmus erschienen: Der narzisstische Mann, die narzisstische Frau, die narzisstische Gesellschaft, ja sogar das narzisstische Kind wurde zum Thema.
Narzissmus als Einzelschicksal gab es immer schon. Bereits in der griechischen Mythologie taucht das Phänomen in der Erzählung von Narzissos auf, der in Selbstverliebtheit nichts und niemanden lieben kann und schließlich in seiner Selbstverliebtheit ertrinkt.
Aber ist Narzissmus tatsächlich ein gesellschaftliches Phänomen geworden? Eine Lebensform, in der die Beschäftigung mit dem Ego im Vordergrund steht und das Beste nicht gut genug ist? In der die Empfindlichkeit gegenüber anderen Sichtweisen oder Kritik überdimensional groß, Empathie und Rücksicht auf andere hingegen überdimensional klein ausgeprägt ist? Ist Narzissmus vielleicht gar Grundlage für den Erfolg in einer Welt der Konkurrenz, des Wettbewerbs?
Ein Erfolgsrezept?
Manche Phänomene der modernen Medienwelt scheinen das nahe zu legen: Influencer(innen), deren Social-Media-Auftritte fast zur Gänze aus der selbstbewussten Darstellung ihrer Gedanken oder gleich ihres ganzen Lebensstils bestehen; Talkmaster(innen), die mit ihrem selbstdarstellerischen Auftritt beweisen, dass die vorrangige Beschäftigung mit der eigenen Person zum gesellschaftlichen Erfolg führt; It-Girls und Stars, die sich im gleißenden Scheinwerferlicht und in der uneingeschränkten Bewunderung der Zuseher sonnen und bei denen oft nicht ganz klar ist, worin denn eigentlich ihre Leistung besteht; TV-Sender, die sich weniger auf die sportlichen Erfolge, sondern vielmehr auf die sensationellsten Details aus dem Leben der von allen bewunderten Olympiasiegerin konzentrieren. Und schließlich kennt man auf der ganzen Welt Politiker und Politikerinnen, die mit unglaublichen Versprechungen, aber ausgestattet mit großer Macht und einer Aura der Großartigkeit, Millionen von Menschen dazu bewegen ihnen Glauben zu schenken.

Gewiss, könnten wir sagen, das ist eine große, funkelnde Welt und auch wenn wir täglich an ihr partizipieren, so hat sie mit unserer alltäglichen, kleinen Welt, in der sich das Funkeln auf Weihnachten beschränkt und keine roten Teppiche ausgerollt werden, doch wenig zu tun. Aber ist das wirklich so?

In den letzten Jahren wuchs mein Entschluss meine psychotherapeutische Arbeit unterdiesem Fokus zu beleuchten. Auffallend war eines: Die für narzisstische Menschen typische Symptomatik einer übermäßigen Egozentrik und eines groben Mangels an Empathie sowie einer Unfähigkeit mit Kritik zurechtzukommen, fand sich in den Therapien nur in begrenztem Ausmaß.

Als ich aber in der Auseinandersetzung mit narzisstischen Denk- und Verhaltensweisen andere Facetten in den Blick nahm, änderte sich das Bild. Das Phänomen eines immens hohen Anspruchs, vor allem unter den Jüngeren, schien allgegenwärtig. Da ist die Rede vom Lebensziel „viel Geld zu verdienen"; oder alle Bedürfnisse zurückzustellen und „Karriere zu machen", – um bewundert oder beneidet zu werden. Patientinnen – und sie sind durchwegs jüngeren Alters – zeigen mir mit verschmitzt-glücklichem Lächeln ihr neuestes Handy, das eben erst auf den Markt gekommen sei und das noch keiner ihrer Freunde besitze. Frauen wie Männer schildern mir Listen von Kriterien, die mögliche Partnerinnen und Partner erfüllen müssten, um Chancen bei ihnen zu haben: Schönheit, Körpergröße und ein trainierter Körper nehmen die obersten Ränge ein.

Doch was mir am meisten ins Auge sticht, sind die Vorstellungen und Ansprüche gegenüber bereits geborenen und auch noch nicht geborenen Kindern. Die Sehnsüchte der Eltern zeichnen ein Bild von glücklichen Kindern: Kinder, die beliebt wären und viele Freunde hätten. Kinder, die allen Anforderungen gewachsen wären und sich durchsetzen können. Kinder, die zielstrebig ihren Weg in die Zukunft gehen. Um diese Ziele zu erreichen, wollen Eltern alles für ihre Kinder tun, oft schon vor der Geburt und erst recht danach. Das gesamte Streben der Eltern wird darauf ausgerichtet, das Ziel des glücklichen Kindes zu erreichen. Weder Mühen noch Kosten werden gescheut, um ihr Kind in die bestmöglichsten Bahnen zu lenken. Auf den Punkt gebracht: „Wir geben unseren Kindern unser Bestes, damit das Beste herauskommt."

Wenn ich Eltern von ihren Babys und Kleinkindern sprechen höre, so schwelgen sie in Worten des Glücks. Sie werden nicht müde von Ereignissen und Beobachtungen zu erzählen, die den Charme und vor allem die Klugheit ihres Nachwuchses herausstreichen. Regelmäßig erhalte ich Fotos von strahlenden Kleinen mit großer Glitzerkrone am kleinen Köpfchen.

So bin ich geneigt zu denken: Welch ein Glück für so sehr geliebte Kinder, für so beglückte Eltern!

Und wir könnten denken: Wenn das die Auswirkung des Anspruchs: „Nur das Beste für unser Kind" darstellt, dann ist doch gegen ein solches Ansinnen nichts einzuwenden!

Die nächste Erfahrung, die ich in meiner psychotherapeutischen Praxis immer häufiger mache, widerspricht dem Bild des Glücks. Die gerade noch so euphorischen Eltern berichten – manchmal fast beschämt – von unerwarteten Eskapaden ihrer Sprösslinge. Der Nachwuchs, nun dem Baby- und Kleinkindalter entwachsen, scheint mit den gut gemeinten, edlen Vorstellungen seiner Eltern nichts am Hut zu haben, ja er scheint diese geradewegs ad absurdum führen zu wollen. Die Eltern werden in die Schule gerufen, weil „ihre Prinzessin, ihr Prinz" plötzlich andere Kinder schlägt. Dabei sei Pazifismus doch ein Eckpfeiler ihrer Erziehung! Der Sohn, gerade in die Pubertät gekommen, erklärt mit felsenfester Überzeugung, die Schule abzubrechen. Dabei habe man ihm doch vorgelebt, welch großer Schatz in der Bildung liege!

Solche Verhaltensweisen waren früher oftmals vorübergehende und in der herausfordernden Zeit des Erwachsenwerdens kein Grund zur Beunruhigung. In den letzten Jahren nehme ich allerdings wahr, dass sich die elterlichen Klagen bis ins Erwachsenenalter ihrer Kinder fortsetzen und sich zu großer Sorge wandeln.

So berichten Elternteile vom Sohn, nunmehr in den 20ern, der davon träumt viel Geld zu verdienen, dabei seine Tage aber am Computer als Gamer verbringt, um dort zum Hero seiner Spiele zu werden. Im wahren Leben hat er jedoch noch keinen Job län-

ger als zwei Monate durchgehalten. Der Versuch eines Gesprächs führe regelmäßig zur Eskalation mit krachender Tür und Beziehungsabbruch seitens des Sohnes.
Andere erzählen von ihrer nun bald 30-jährigen Tochter, die noch keine Beziehung eingegangen sei, die drei Monate überstanden habe. Sie wisse zwar sehr genau, was sie wolle, aber kein Mann hätte ihre Vorstellung bis jetzt erfüllen können. All diese Männer seien nicht „präsentierbar“: „Man muss sich genieren, wenn sie den Mund aufmachen“, „Sie müssten erst an Auftreten und Aussehen feilen“ und „Die Bildung lasse überhaupt zu wünschen übrig“.
In manchen Fällen bringen die verzagten Eltern die Werte, die sie in ihrer Erziehung vermittelt haben, in Verbindung mit dem jetzigen Dilemma, in dem sie ihr erwachsenes Kind gefangen sehen. So wenn die 35-jährige Tochter ihre ganze Leidenschaft der Verfolgung ihrer Ideale, wie zum Beispiel dem Einsatz für die Rettung der Welt, widmet, auf Demos geht und in Foren schreibt. Angesprochen darauf, wie lange sie noch vom Geld der Eltern zu leben gedenke, reagiert sie mit völligem Unverständnis. Man habe ihr doch beigebracht, wie wichtig es sei, das Wahre zu leben und die kostbare Lebenszeit nicht mit Unstimmigem zu verbringen. Sie habe aus den Unsinnigkeiten der Eltern gelernt, die sich für Geld auf Kosten ihrer Gesundheit ausgebeutet hätten. „Work Life Balance“ sei nun die Devise. Ihre Generation habe sich eben eine Stufe höher in der Menschheitsentwicklung begeben.
Mitunter schildern auch Arbeitgeber(innen) ihre Mühen mit den neuen Angestellten. Das Ansprechen eines regelmäßigen Zuspätkommens würde mit erstauntem Achselzucken quittiert, Aufträge von Vorgesetzten in Frage gestellt oder ignoriert. Schon nach kurzer Zeit würde das Gehalt als zu gering, der Arbeitsaufwand als zu hoch und der Inhalt der Tätigkeit als unerfüllend beurteilt – darauffolgende Kündigung inklusive.
Wenn ich mir diese Erzählungen so ansehe, kann ich eigentlich nur sagen: Die Kinder haben das Anspruchsdenken ihrer Eltern gut übernommen. Allerdings entnehme ich den Sorgen der Eltern auch, dass sie mit dem hohen Anspruch für ihre Kinder etwas andere Ziele im Auge hatten.

Aus meiner psychotherapeutischen Perspektive möchte ich dazu ergänzen: Zum hohen Anspruch gesellt sich nun auch der zentrale Aspekt des Narzissmus hinzu: Die Ausrichtung auf das Ego und seine Bedürfnisse, unter Ausklammerung Anderer. Andere werden nach ihrem Nutzwert beurteilt. Sie sind dazu da, die Rahmenbedingungen für die Konzentration auf sich selbst sicher zu stellen. Erkennbar sind auch die Abwertung und die Empfindsamkeit bei Kritik. Somit haben wir in den Beschreibungen der Kinder durch ihre Eltern alle narzisstischen Aspekte im Bunde. – Narzissmus erscheint nun doch als (weit) verbreitetes Phänomen.

Die Häufung solcher Erzählungen spricht für mich jedenfalls eine deutliche Sprache: Es handelt sich nicht mehr um Einzelschicksale. Wir haben es tatsächlich mit einer Verbreitung von narzisstischen Lebensweisen zu tun.

Die Frage ist: Wie konnte das geschehen?

Werfen wir einen Blick zurück: Lange Zeit war die Kindererziehung auf Anpassung, Funktionieren und Gefügigkeit ausgerichtet gewesen. Erreicht werden sollte das durch strenge Regeln, Strafen und Demütigungen. Diese Form des Umgangs mit den jungen Menschenwesen sollte zu Recht der Vergangenheit angehören. Von nun an stand das Wohl der Kinder im Mittelpunkt. Kinder sollten alle erdenkliche Liebe und Wertschätzung erhalten, um sie zu selbständigen, authentischen und glücklichen Erwachsenen werden zu lassen. Viele pädagogische Konzepte wurden entwickelt, in denen Respekt und Wertschätzung Kindern gegenüber im Zentrum stehen. Eine große Zahl an Ratgebern wurde in den letzten 30 Jahren veröffentlicht, die sich dem Erreichen dieses Ziels verschrieben haben.

Das Ergebnis dieses Bemühens aber ist auf den ersten Blick befremdlich: Wie konnten die besten Absichten, dieser große Einsatz im Dienst der Kinder den Narzissmus dermaßen befördern? Allen gemeinsam war: Eltern und pädagogische Fachleute wollten das Beste. – Offensichtlich müssen wir uns eingedenk dieser Entwicklung aber die Frage stellen: Was ist überhaupt das Beste für unsere Kinder?

Hellhörig geworden durch den sorgenvollen Blick der Eltern auf die Zukunft ihrer erwachsenen Kinder lenkte ich mein Augenmerk auf die Familien mit kleinen Kindern. Ich hörte aufmerksam den Schilderungen ihres Alltags zu. Die Phänomene, die ich wahrnahm, die übergroße Identifikation mit dem Nachwuchs, das Bemühen um die Weitergabe der eigenen edlen Werte sowie die ultimative Priorisierung der Kindeswünsche gegenüber denen der Erwachsenen hinterließen in mir zunehmend ein befremdetes Gefühl. Das Alles wirkte wie ein Zuviel, ein „Zu-sehr-das-Beste-gewollt-Haben", kurz gesagt ein „Übers Ziel geschossen". In diesem „Zu-viel-des-Guten" ortete ich nach und nach den Grund für die verbreitete narzisstische Entwicklung.

Zum Aufbau des Buches

In einem ersten Teil des Buches möchte ich meine Beobachtungen zur Verfügung stellen. Unter dem Motto „Sechs Zutaten für eine sichere Narzissmusentwicklung" beschreibe ich in ironisch-pointierter Weise Situationen, die vielleicht an der einen oder anderen Stelle zu einem schmunzelnden Sich-Wiedererkennen führen – im Sinne von „ach ja, das kenne ich auch!"

Das solcherart vermittelte „Narzissmusrezept" könnte durchaus über einen eigenen Anreiz verfügen. Wie schon eingangs geschildert: Es sind Narzissten, die die Welt regieren.

Im zweiten Teil des Buches verlasse ich die ironische Beschreibung der familiären Situationen. Im Fokus steht hier die psychotherapeutisch-existenzanalytische Sichtweise auf die Auslöser einer narzisstischen Entwicklung sowie deren Aufrechterhaltung durch Schutzmechanismen.

Im dritten Teil wende ich mich der gesunden Selbstwertentwicklung zu. Dabei stelle ich wesentliche Aspekte für die Entwicklung des Selbstwerts dar, wodurch eine Differenzierung zu einer oberflächlichen, ihr Ziel verfehlenden Selbstwertförderung, wie sie am Beginn des Buches illustriert wurde, gelingen kann. Den Abschluss bilden Anregungen zur Reflexion als wirkungsvolle Prophylaxe, die Eltern und pädagogischen Fachkräften dienlich sein können.

Teil 1
Narzissten regieren die Welt!

Sechs Zutaten für eine (sichere) Narzissmusentwicklung

Viele Eltern wollen das Beste für ihr Kind, denn es ist ihr größter Schatz. Ihm wollen sie alles ermöglichen, die Welt zu Füßen legen.

In dieser einfachen, nachvollziehbaren Absicht sind auch schon unsere Zutaten für eine Entwicklung zur narzisstischen Persönlichkeit enthalten:

1. Bedeutsamkeit
2. Grenzenlosigkeit
3. Mächtigkeit
4. Überlegenheit
5. Selektive Wahrnehmung
   Und schließlich noch:
6. Eine kleine Prise Zweifel

In einer an narzisstischen Wertmaßstäben orientierten Welt werden diese Aspekte die Weichen stellen für ein Leben in Glanz und Erfolg. Das ist wohl, was Eltern vorschwebt, wenn sie an die Zukunft ihrer Kinder denken und maximalen Einsatz im Dienst ihres Kindes leisten.

Natürlich kann es auch geschehen, dass ihr Kind im passiven Anspruch an die Welt, dominiert von Kritik an derselben und einer Unfähigkeit das eigene Leben auf Basis der realistischen Gegebenheiten zu gestalten, scheitert – so wie es uns die Schilderungen in der Einleitung illustriert haben.

Wohin die Reise gehen wird, bleibt offen.

1. Zutat: Bedeutsamkeit – Stellen Sie Ihr Kind auf ein Podest!

Natürlich lieben Sie Ihr Kind! Aber Liebe allein ist nicht so recht die Ingredienz, die es für Narzissmus braucht. Auch wenn Sie es aufgrund seiner Vorzüge als etwas ganz Besonderes empfinden, reicht das nicht aus. Um ein narzisstisches Selbstverständnis zu entwickeln, muss Ihr Kind zum Nabel der Welt werden; das heißt, das entstehende oder gerade auf diese Welt gekommene kleine Wesen wird zum Inbegriff Ihres Seins und das Zentrum all Ihres Strebens. Ihr Fokus wird jahrelang darauf liegen, dieses Kind und damit auch Sie selbst glücklich zu machen. Sie selbst? Darin liegt der Motor der ganzen Unternehmung, denn Ihr Nachwuchs steht für die Erfüllung Ihrer eigenen Wünsche, Sehnsüchte und bisher unerfüllten Erwartungen ans Leben. Wenn Sie alles, was Sie können, in den Dienst des Kindes stellen, Ihre eigenen Bedürfnisse denen des Kindes unterordnen, so haben Sie schon die ersten, wichtigen Weichen für die Entwicklung eines großartigen Selbstbewusstseins gestellt.

Welchen Sinn hat eine nur auf sich bezogene Lebens- und Karriereplanung im Vergleich dazu, alles in Ihrer Macht stehende zu tun, um einem Kind die Welt zu Füßen zu legen; egal ob Sie ihm Ihre ganze Aufmerksamkeit widmen, so viel Geld wie möglich erwirtschaften, um es in den Nachwuchs zu investieren oder ihm eine grenzenlose Welt eröffnen, in der es sich ungehindert ausdehnen kann? Was bedeutet Ihr normales Angestellten-, Beamten- oder Unternehmerdasein, wenn Sie durch Ihr Kind in den sportlichen, künstlerischen oder einen anderen der zahlreich zur Auswahl stehenden olympischen Himmel gehoben werden können? Ganz zu schweigen vom Zuwachs an Sinnhaftigkeit in Ihrem Leben durch die bloße Existenz eines Ihre Gene tragenden Lebewesens, durch das Sie an der Unsterblichkeit teilhaben dürfen! Fragen Sie sich also nach Ihren Sehnsüchten und legen Sie sie Ihrem Kind in die Wiege! Ist es der Kinderwunsch an sich? Sehen Sie in einer Mutter-/Vaterschaft die Erfüllung Ihres Menschseins? Oder wünschen Sie sich an jedem Tag Ihres Kindes nichts mehr, als dass ihm ausschließlich harmonische und großartige Erfahrungen zuteilwerden? Motiviert Sie ein tiefer, in der eigenen Kindheit erfahrener Mangel dazu, Ihrem Kind jeden Wunsch von den Lippen abzulesen oder – besser noch – ihn zu erfüllen, bevor es selbst das Bedürfnis erahnen könnte? Sitzt Ihnen der Stachel des Misserfolgs tief in der Seele, weil Sie keine Freunde finden konnten, immer ausgelacht wurden, die Schule nicht schafften, von den Eltern als deren größte Enttäuschung hingestellt wurden und deshalb all das Ihrem Kind – koste es, was es wolle – ersparen wollen? Dann verfügen Sie mit großer Wahrscheinlichkeit über die nötige Triebkraft sich für die optimale, an Superlativen orientierte Lebenserfahrung Ihres Kindes einsetzen zu wollen.

Je umfassender Ihre Sehnsucht Ihr Leben bestimmt und je leidenschaftlicher Sie für ihre Erfüllung zu kämpfen bereit sind, umso bessere Voraussetzungen schaffen Sie für die Sonderstellung Ihres Kindes.

Ist bereits die Zeugung von einem leidenschaftlichen, Alternativen ausschließenden, Kampf geprägt, so sind schon vor der Existenz dieses Babys die Chancen für eine narzisstische Entwicklung günstig. Alles haben seine Eltern versucht und gegeben, damit es den Weg ins Leben findet. Vom ersten Atemzug bzw. Herzschlag an erfährt es sich als Glückserfüller seiner Eltern. Lisas Erleben verdeutlicht uns das eindrücklich:

Endlich das lang ersehnte, hart erkämpfte, positive Ergebnis der IVF[1]! Zitternd umklammert Lisa das schlichte Stück Papier, das ihr das Paradies verheißt. Abwechselnd drückt sie es an die Brust und starrt im nächsten Moment auf die Buchstaben, ängstlich forschend, ob sie sich doch geirrt haben könnte.

Wie lange ersehnen sie und ihr Mann schon dieses Kind! Zuerst die finanzielle Absicherung durch eine wohlüberlegte Karriereplanung, dann der Aufbau eines sicheren, wohligen Nests und schließlich die feierliche Vereinbarung, ab nun ein Kind willkommen heißen zu wollen.

Doch dieses Kind ließ sich bitten, es kam nicht. Das Warten wurde anfangs noch mit Gelassenheit getragen, allmählich mit bemühtem Humor kommentiert, um dann in einen verkrampften Kampf um das Erwischen fruchtbarer Tage zu münden. Letztendlich der Entschluss zur künstlichen Befruchtung. Ein Horror all die vorbereitenden Maßnahmen, was Lisa nur dem als Tagebuch geführten Kalender anvertraute, aber niemals laut zu äußern wagte. Nicht zu sprechen von der unendlichen Enttäuschung, als der erste und der zweite Versuch misslangen.

[1] In-Vitro-Fertilisation (IVF): Methode der künstlichen Befruchtung.

Doch was soll's? Schlagartig erscheinen all die Mühen in einem anderen Licht.

Mitunter ist es nicht die von Schwierigkeiten gekennzeichnete Zeugung selbst, die die ersehnte Entstehung des Kindes in einen Glücksrausch münden lässt, sondern das Wissen, in diesem Kind weiterzuleben, damit die Teilhabe an der Unsterblichkeit geschafft zu haben; oder auch die ungeduldige Erwartung eines Erben, der allein Garant dafür wird auf ein sinnerfülltes Leben zurückblicken zu können. Es spielt keine Rolle, ob es sich um den Bauernhof, das kleine oder große Geschäft oder den Familienbesitz handelt; auch nicht ob hart erarbeitet und unter Verzicht und Selbstkasteiung aufgebaut oder einfach nur geerbt; wesentlich ist, dass Ihr Ein und Alles Bestand hat, sicher gestellt durch den Erben. Die erlösende Bedeutung, die die Ankunft eines Sohnes haben kann und ihn in täglichen Huldigungen heranwachsen lässt, illustriert Roberts Geschichte:

Mit glänzenden Augen nimmt Robert seinen Stammhalter aus den Armen seiner Frau Marlies. Noch nie hat er sie so sehr geliebt wie in diesem Moment für dieses Geschenk. Das kleine Bündel in seinen Händen vollendet sein Glück. Endlich weiß er sein Unternehmen in starken Händen; auch wenn er zugeben muss, dass diese momentan noch recht zerbrechlich und in wenig zielgerichteten Bewegungen nach der Welt greifen. Seine Mädchen, sie sind ja süß, aber keine zeigt nach seinem flüchtigen Blick auch nur irgendwie Talent für die Berufung zum Fleischergeschäft: Miriam kämmt unentwegt die Haare ihrer Barbies, Moni, eigentlich Roberts Hoffnungsschimmer, weil gerne in Hosen und im Freien unterwegs, ekelt sich seit Neuestem entsetzlich vor Stallgeruch und Hühnerdreck; jedes Mal dieser Riesenaufruhr, wenn sie auf eine „Markierung" tritt! Seine Tochter Marie nimmt Robert indes nur als Bücherwurm wahr. (Er hat nicht die Zeit in die Bücher zu blicken, in die sie ihn, den „Vater im Geschäft" hineinzeichnet und Würste nachahmt.) Wie viele schlaflose Nächte hat ihn das gekostet. Vor seinem inneren Auge spielten sich Horrorszenarien ab: Fabrik und Wursttempel heruntergekommen, schuldenüberladen wie das Lebensmittelgeschäft der Eltern und zum

Schleuderpreis verkauft... Doch nun ist ihm die Rettung zuteilgeworden. Robert schwört Gott oder dem Schicksal – so genau weiß er nicht wem – ewigen Dank. Alles, was er als Vater an Wissen zu bieten hat, wird er diesem Jungen, seinem Nachfolger, zukommen lassen.

Hat sich die erste Aufregung um die Ankunft des neuen Erdenbürgers gelegt und die Kleinen sind Bestandteil der Familie geworden, so versäumen Sie nicht schon bald nach den besonderen Talenten Ihres Kindes Ausschau zu halten! Heißt es doch: „Früh übt sich, wer ein Meister werden will." Also beginnen Sie mit der Förderung Ihres Nachwuchses, so früh wie möglich und in welchem Bereich auch immer.

Sie merken, dass es gerne plaudert? Ein Englischkurs – für Babys, für Kleinkinder, für Kindergartenkinder ist da absolut das Richtige. Selbst wenn Sie dabei vorerst nur erfahren, dass auch auf Englisch die Kuh „Muh" und die Katze „Miau" macht, der Tag ist nah, an dem Ihr Kind zum ersten Mal „cow" oder „cat" sagen kann und sie beruhigt einschlafen, im Wissen, Ihrem Kind die frühestmögliche Förderung ermöglicht zu haben.

Vielleicht aber hüpft Ihr Kind mit Leidenschaft, springt von Sesseln, Tischen oder über Regenpfützen? Dann ab in den Gymnastikkurs! Nur wenn Sie nicht zögern, das Talent Ihres Kindes zu erkennen und die Möglichkeit ergreifen, dieses zu vertiefen, wahren Sie die Chancen auf Spitzenleistung.

Gleiches gilt für die Musikalität Ihres Vielleicht-Genies. Sobald es seine Fingerchen gezielt bewegen kann, gönnen Sie ihm die Freude sich an einem Musikinstrument zu erproben. Nicht nur Ihr Kind, die gesamte Familie wird beglückt sein, die ersten Versuche durch das Haus hallen zu hören.

Sollten Sie aber vor das Problem gestellt sein, es bei Ihrem Kind mit einem Multitalent zu tun zu haben, so verzagen Sie nicht! Die Woche dauert lang. An sieben Tagen können Sie es ohne Weiteres sieben Kurse besuchen lassen. Wie zu hören ist, passen auch locker zwei Kurse in einen Tag. Sie haben also nicht die Qual der Wahl. Kinder sind aufnahmefähig, nie wieder lernen sie so leicht wie in der Kindheit. Je mehr Ihr Kind seine Umgebung beein-

druckt und Beifall erhält, umso mehr können Sie sich bestätigt fühlen, dass der Podestplatz der einzig richtige für Ihr Kind ist.
Die Verfolgung dieser Ziele braucht natürlich Zeit und Aufmerksamkeit: immer sind die neuesten Erkenntnisse zu verfolgen und Angebote zu checken und vor allem braucht es ein perfektes Management. Eine Person allein ist da zu wenig. Sie brauchen einen Managementstab: am besten Partner, Großeltern und vielleicht noch die alte Freundin dazu. So werden Sie der Sonderstellung Ihres Kindes gerecht.
Seien Sie anspruchsvoll dabei; so wie Sie Ihr Bestes geben, sollen es auch Personen, die mit dem Kind zu tun haben. Ihr Kind ist etwas Besonderes, also sollten sich bitte auch die Bezugspersonen dessen bewusst sein, – am besten wäre es wohl, wenn sie sich pädagogisch schulen – oder zumindest Bücher lesen, um imstande zu sein, ihr Vorhaben mitzutragen.
Natürlich besteht auch die Möglichkeit, dass Sie nicht so sehr nach dem künstlerischen oder sportlichen Talent Ihres Kindes Ausschau halten, das es berühmt machen könnte. Vielleicht ist Ihnen mehr der wirtschaftliche Erfolg ein Anliegen, beziehungsweise dass Ihr Kind in die Welt der Mächtigen (aus Finanz, Management und Politik) eintreten kann. Dann halten Sie Ausschau nach den besten Schulen des Landes. Mit dem Sprachtraining haben Sie ja wahrscheinlich schon begonnen. Nun geht es um die umfassende Bildung. Auswahl gäbe es ja genug: von Schulen mit traditionellen Werten, die die Anleitung geben, sich auf dem glatten Parkett der Welt bewegen zu können, bis hin zu Schulen, deren Fokus auf der Stärkung des Wir-Gefühls liegt und des Einsatzes für die Anliegen der Welt.
Schule ist jedoch nicht alles. Sorgen Sie für den richtigen Umgang Ihres Kindes. Steuern sie es bei der Auswahl seiner Freunde. Wenn Sie früh damit beginnen, gestaltet sich dieses Unterfangen ohne Probleme. Es wird Ihnen nicht schwerfallen herauszufinden, welche Familien Bildung und Kultur Ihres Kindes unterstützen.

Erster Schultag: Lisa unterhält sich mit dieser und jener Mutter, verweilt schließlich im Gespräch mit Sigrid – gleiche Ansichten, gleicher

Lebensstil. Auch Eva, die Tochter, gefällt ihr. Sigrid scheint ähnlich zu empfinden und es dauert nicht lange, so sind die beiden Mädchen einander vorgestellt und nebeneinander in die Schulbank gesetzt.

Es ist also ganz leicht: Sie stellen einen freundschaftlichen Kontakt her, schlagen vor, gemeinsam zu spielen, das auserwählte Kind einzuladen oder, wie im Beispiel, die Schulbank zu teilen. Besonders geeignet: Geburtstagspartys. Die Eingeladenen werden keine Skepsis entwickeln, was wohl der Grund der Einladung sei. Es ist ja der halbe Kindergarten / die halbe Klasse da. Ganz unverfänglich können Sie die Fäden ziehen und Ihr Kind in die perfekte Ausgangsposition für einen erfolgreichen Start ins soziale Leben bringen. Sie tun sich in Ihrem Unterfangen deutlich leichter, wenn Sie nicht gerade Geldprobleme plagen. So eine Schule, mitsamt den sozialen Aktivitäten, braucht schon etwas an Budget. Ganz abgesehen von dem Bedarf, den Ihr Kind selbst hat, um integriert zu sein: Markenkleidung, Sportwochen, selbstverständlich mithalten mit Statussymbolen wie Handy, Laptop, Tablet und so weiter, die natürlich immer am neuesten Stand zu sein haben.
Also wird Ihre Aufgabe darin bestehen, Geld heranzukarren. Auch wenn das Handy immer in Bereitschaft in Ihrer Nähe ist, um keine Anfrage des Chefs zu verpassen, oder das Wochenendprogramm bisweilen ins Wasser fällt: Ihr Kind wird es Ihnen danken, hat es doch durch Ihren Fleiß die Chance, an der Welt der Erfolgreichen teilzuhaben.
Aber wie schon zu Beginn gesagt, niemand wird von der Narzissmuslaufbahn ausgeschlossen. Es gibt auch eine ganz andere Strategie, mit der Sie Ihrem Kind seinen Sonderstatus vermitteln können. Richten Sie Ihr ganzes Ansinnen auf das Wohlbefinden Ihres Kindes aus. Je mehr Sie sich seiner Besonderheit bewusst sind, umso leichter fällt es Ihnen, sich auf die Erfüllung seiner Bedürfnisse und Wünsche zu konzentrieren, umso behaglicher wird Ihr Kind sein Leben empfinden und umso sicherer in seinen Ansprüchen an Sie und die Welt werden.
Legen wir zuerst den Fokus auf die Bedürfnisse Ihres Kindes: Versuchen Sie diesen mit all Ihrer Aufmerksamkeit und kreativen

Gestaltungslust nachzukommen. Es ist ganz leicht. Sie gehen den Tag Ihres Kindes in Gedanken durch und überlegen, welche Unterstützung es im jeweiligen Moment brauchen könnte. Beginnen wir am Morgen. Sie wachen auf. Ihr erster Gedanke sollte Ihrem Kind gelten. Was könnten Sie ihm zum Frühstück bereiten? Etwas, das es besonders gerne mag muss es sein! Ein Nutellabrot mit einer Erdbeere zur Krönung? Nein, vielleicht doch eher ein Spiegelei? Sie könnten es verzieren oder ein Gesicht gestalten. Genau! Das wird Ihren Schützling hervorragend in den Tag starten lassen. Ihr Blick gleitet zum Fenster. Ist es kalt? Braucht es Mütze, Handschuhe? Ja, Sie werden sie gleich herrichten, sobald Sie das Frühstück fertig haben. Oh, da fällt Ihnen ein, die Schultasche ist noch nicht eingeräumt! Und haben Sie alle Unterschriften geleistet?

Wenn Ihr Kind mit perfekter Schultasche, Jause und inniger Umarmung die Wohnung verlässt, können Sie sich zufrieden zurücklehnen. Gratulation! Sie haben Ihr Mutter-/Vaterdasein perfekt erfüllt.

Auf dem Weg, sich selbst für Ihre Termine vorzubereiten, fällt Ihr Blick auf das Mitteilungsheft mit Ihrer Unterschrift, dass Ihr Liebling bereits um zwölf Uhr entlassen werden darf oder auf das Mathematikhausübungsheft, dessen Vergessen Ihrem Schatz einen großen Minuspunkt einbringen würde. Was tun Sie als Mutter/Vater mit der Absicht, Ihrem Kind Ungemach zu ersparen? Mit einer Nachricht am Handy – Gott sei Lob für seine Erfindung – vereinbaren Sie einen Treffpunkt. Egal, wer oder was auf Sie wartet, Sie quetschen die Überbringung des wichtigen Kleinods zwischen Ihre Termine. Kein Nachsitzen, kein Minuspunkt für Ihr Liebstes – Sie atmen durch! Soweit alle Hürden für Ihr Kind aus dem Weg geräumt. Jetzt widmen Sie sich (kurz) Ihren Aufgaben, denn nachmittags oder abends wollen Sie ja wieder fit sein für die Anliegen des Nachwuchses.

Da warten Hausübungen und Prüfungsvorbereitungen, die Ihrer Meinung nach ernst zu nehmen sind, wovon Sie Ihr Kind aber erst überzeugen müssen. Ein Tipp: Gestalten Sie ein Ambiente, das sowohl Ihr Kind als auch Sie in Wohlgefühle versetzt. Wohliger Platz, erfrischendes oder wärmendes Getränk; vielleicht auch die

Lieblingsmusik Ihres Schützlings im Hintergrund. Ihr Enthusiasmus wird Ihr Kind anstecken. Egal ob es um die Addition von Äpfeln und Birnen geht oder die Regentschaft von Karl dem Großen – begeistern Sie Ihr Kind! Pflücken Sie gemeinsam Äpfel und Birnen im Garten. Holen Sie das Schwert aus dem Faschingsfundus. Sie können sicher sein, nach einem kleinen Schwertkampf wird Ihr Kind Karl den Großen lieben und sich seine Taten für immer merken. Und nebenbei machen Sie damit das Versäumnis der Schule, Ihr Kind zu begeistern, wett.

Danach will Ihr Kind seine Freunde treffen – was es eigentlich schon seit dem Mittagessen wollte. Sie wissen, soziale Kontakte sind enorm wichtig für die Entwicklung Ihres Kindes. Also laden Sie ein paar Kumpels / Mädels ein oder chauffieren Ihren Liebling zum Treffen mit Seines- / Ihresgleichen. Das Bewusstsein, dass diese Zusammenkünfte zur Stärkung, Förderung und Reifung Ihres Kindes beitragen, wird Ihnen den Aufwand der Bewirtung oder Ihrer Taxidienste lächerlich erscheinen lassen. Obendrein: Was gibt es Schöneres, als Ihr Schulkind ausgelassen mit anderen umhertoben zu sehen? Vergessen ist die Schulplagerei, das Glück der frühen Tage umfängt Sie wieder.

Manchmal aber wird die Glückseligkeit von Grippe, Ohren- und Halsentzündung, Platzwunden oder Brüchen unterbrochen. Kein Grund für schlechte Laune. Gerade die Krankheit Ihres Kindes bietet Ihnen maximalen Spielraum für ein Rundumservice. Sie können laufend die Liegestätte korrigieren, Pölster aufrichten, die Lieblingsdecke bringen; Bücher herantragen, Filme aussuchen. Jede Menge Tee darf gekocht werden – und natürlich das Lieblingsessen. Die Medikamente präsentieren Sie selbstredend so, dass Ihr Liebling sie nicht verweigert. Das veranlasst Sie mitunter zu kreativen Höhenflügen. Und die wunderbarste Form, Ihrem Kind Ihre große Liebe zu beweisen: Sie sitzen an seinem Bett und halten, wenn es schläft, seine Hand. Sobald es aufgewacht ist, lesen Sie Geschichte um Geschichte und schauen gemeinsam alle Disneyfilme von Schneewittchen bis Mary Poppins.

Für die Entwicklung des Gefühls, auf diesem Planeten eine besondere Stellung einzunehmen, sind Sie bereit, Ihrem Liebling die Sterne vom Himmel zu holen. Kaum Erwähnung gebührt da den ganz normalen Wünschen Ihres Kindes: sein Lieblingsessen zu kochen, sooft es mag, beim Einkaufen ein Geschenk zu erhalten, um es bei Laune zu halten oder dafür zu sorgen, dass es durch den Besitz der gerade angesagten Stickers, Computerspiele und T-Shirts bei den Gleichaltrigen punkten kann.

Nein, es geht darum, es im Gefühl aufwachsen zu lassen, dass all Ihr Sinnen nur darauf ausgerichtet ist, seine Wünsche wahr werden zu lassen – am besten noch bevor diese ihm selbst ins Bewusstsein kommen. Ein Beispiel, stellvertretend für all die anderen Kinderwünsche: das jährliche Geburtstagsfest. Dass es ein Fest gibt, mit allen Kindern aus dem Umfeld, ist Ihnen eine Selbstverständlichkeit. Aber Sie können das besser! Fragen Sie sich: Wovon schwärmt Ihr Liebling zurzeit? Von Piratenabenteuern, dem Leben als Prinzessin auf einem eigenen Ponyhof oder einem privaten Kuscheltierzoo? Oder ist es schon über dieses Alter hinaus und träumt von Dschungel-Expeditionen oder durch Forschung der Menschheit zu neuen Erkenntnissen zu verhelfen? Egal was es ist: Machen Sie die Träume Ihres Kindes zum Thema des diesjährigen Festes. Das Wunderbare an der Sache: Sie erhalten die einmalige Gelegenheit, in die (vielleicht ohnehin zu wenig gelebte) Phantasie Ihrer eigenen Kindheit einzutauchen und sie wiederzubeleben. Der Phantasie sind bekanntlich keine Grenzen gesetzt und wenn Sie sich deren Führung überlassen, wird ein fulminantes, Ihrem Kind die Sprache verschlagendes, Fest die Folge sein. Sollten Sie aber doch an Ihrer Kreativität zweifeln, so stehen Ihnen eine Reihe von Ratgebern zur Seite, die Spiele, Buffet, Musik, Tombola etc. etc. zu jedem erdenklichen Thema anbieten. Oder Sie buchen gleich einen Festcoach, womit Ihr Anspruch, Ihrem Kind das Besondere zu bieten, auf jeden Fall erfüllt sein dürfte.

Eine andere Form, Ihrem Kind seine Wichtigkeit zu bezeugen, besteht im Zelebrieren ausgedehnter Rituale, mit denen Sie Ihrem Kind Ihre Aufmerksamkeit und Liebe deutlich machen können. Kinder lieben Rituale. Je kreativer und ausgedehnter, umso besser. Schlafen gehen bei den Kleinen und Aufstehen bei den Größeren eignen sich hervorragend dafür. Widmen wir uns beispielhaft dem abendlichen Ritual. Wenn keine Termine mehr rufen, sind Ihrer Phantasie keine Grenzen gesetzt. Ein Spiel könnte das Ritual einläuten, gefolgt von Waschen und Zähneputzen, gemeinsam mit dem Lieblingsstofftier. Kinder legen ihre Kleider gerne ordentlich auf einen Sessel, wenn auch Barbie oder Pu der Bär die Kleider mit Bedacht wegräumen. Bett und Bettwäsche können sodann zum Schloss, zur Burg oder zum Himmelbett umfunktioniert werden. Welches Kind kann einer solchen Behausung widerstehen und nicht mit Begeisterung sein Bett aufsuchen? Damit sind wir bei der Gute-Nacht-Geschichte – besser: den Gute-Nacht-Geschichten – gelandet. Vielleicht für jedes Stofftier oder jede Puppe eine? Besondere Beglückung werden Sie erfahren, wenn Sie Geschichten erfinden. Sie können der Bewunderung und Begeisterung Ihres Kindes sicher sein. Sie tun sich aber auch selbst einen Gefallen, wenn Sie eintauchen in Ihr kreatives Potential. Ideenreichtum und Kraft für Ihr Erwachsenendasein werden Ihre Belohnung sein. Fasziniert von dem Feuerwerk, das Sie entfachen, wird Ihr Kind hellwach den Worten folgen und auch gerne noch in ein Lied einstimmen.

Möglicherweise sind dann ein bis zwei Stunden vergangen und Sie werden etwas müde? Kein Problem: Das ist genau, worauf Ihr Kind gewartet hat. Denn nun sind Sie bereit, neben ihm einzuschlafen. Eng umschlungen findet Sie Ihr Partner oder Ihre Partnerin, der / die die Zeit herrlich nutzen konnte, um die Küche in Ordnung zu bringen. Der idyllische Anblick wird garantiert ein Lächeln in sein / ihr Gesicht zaubern und zur Gewissheit führen, einen guten Tag für Ihr Kind bereitet zu haben.

Eine wunderbare Unterstützung zum Erkennen und Erfüllen von Bedürfnissen, Wünschen und Sehnsüchten Ihres Kindes bieten die zuvor bereits im Zusammenhang mit Festen erwähnten Ratgeber sowie auch Seminare. Egal ob Sie lieber in Buchhandlungen schmökern, oder das Internet zu Rate ziehen: Unmengen an Informationen warten darauf, Ihnen ihr Wissen zur Verfügung zu stellen. Sie werden kein Problem haben, für jede nur erdenkliche

Fragestellung Informationen zu finden. Der Markt ist voll von Angeboten über das richtige Stillen, Wickeln, Schlafen, Essen, wertvolle Kommunikation, gesunde Bewegung, das Finden von Freundschaften etc.

Sylvia und Thomas haben im Studium der pädagogischen Literatur einen hundertprozentig verlässlichen Coach in Erziehungsfragen gefunden und ein (zeit-)füllendes Hobby obendrein. Ihr Credo: Partnerschaftlichkeit, Freiheit der Person und Toleranz untereinander. Ihre Kinder sollen mit diesem Idealen großwerden, sich frei und ohne Drill und Einengung entfalten. Nach diesen Kriterien wählen sie die Literatur aus, die ihnen bei der Umsetzung ihrer Ideale behilflich sein wird. Sie sind erfüllt davon, die erfolgversprechenden Bücher online oder in Buchhandlungen zu erspähen und nächtens in aller Ruhe, wenn die Kinder zu Bett gebracht sind, inhaltlich zu durchforsten. Sobald einer eine interessante Stelle gefunden hat, wird sie dem andern vorgelesen und gemeinsam darüber entschieden, ob diese ihren erzieherischen Vorgaben entspricht und ins Repertoire aufgenommen werden kann oder nicht. Solcherart haben sie ein verlässliches, engmaschiges Orientierungsgerüst aufgebaut, das ihnen in jeder Situation zur Seite steht und das Gefühl gibt, alles richtig zu machen. So erleben sie tagtäglich ihr kleines Paradies: Harmonie pur, weil ihre Kinder ohne Windeln und ohne Schnuller, dafür mit genauer Beobachtung ihres Stoffwechsels und Rundumstillen, Essensschlacht und nicht endender Animation ins Leben starten durften; nicht zu vergessen die regelmäßigen Babypartys, durch die Sylvia und Thomas ihren Kleinen die Wichtigkeit des sozialen Miteinanders von Anfang an vermittelt haben.

Solcherart geschult werden auch Sie Ihrem Kind die zentrale Bedeutung seiner Existenz vermitteln können. Doch nicht nur Ihr Kind gelangt damit zur Bedeutung, sondern ganz wesentlich auch Ihr Leben. Alle bisherigen Werte in den Hintergrund zu rücken zugunsten des Kindes, verspricht garantiert das Erleben von Richtigkeit, Zufriedenheit und Sinnerfüllung.

2. Zutat: Grenzenlosigkeit – Alles ist erlaubt!

Sie haben nun das Wunder dieses himmlischen Geschenks gebührend empfangen und gefeiert; sind sich der Bedeutsamkeit dieses Wesens voll bewusst. Nun beginnt der herausfordernde Teil Ihres Elterndaseins. Die Aufgabe der nächsten Jahre wird es sein, Ihrem Kind zur maximalen Entfaltung seiner Anlagen und Fähigkeiten, eben seiner ganz speziellen Persönlichkeit zu verhelfen.

Seit der Pädagogik des ausklingenden 20. Jahrhunderts wissen wir: Kinder wissen, was sie wollen, Kinder wissen, wo es für sie hingehen soll und sie wissen auch den Weg. Wann sie sich welchem Thema zuwenden wollen, können sie ganz alleine entscheiden.

Die Folge aus dieser Erkenntnis lautet: Ihr Kind ist Ihnen ebenbürtig. Das Machtgefälle, wonach Kinder ihren Eltern unterstellt sind, gehört der Vergangenheit an. Und mehr noch: Schon Herbert Grönemeyers Lied „Kinder an die Macht" verdeutlicht, dass sie Ihnen einiges voraushaben. Also sollten Sie rasch von der Position, alles besser zu wissen, Abstand nehmen und in Ehrfurcht Ihrem Kind begegnen. Sie gewinnen damit auch einen Riesenvorteil: Jedweder Kampf mit Ihrem Nachwuchs erübrigt sich.

Wie leidlich hat sich früher allein schon das Thema Anziehen gestaltet. Sobald ein Kind freudestrahlend etwas aus dem Kleiderkasten ausgewählt hatte und stolz im Begriff war, sich je nach Alter die Kleidungsstücke mehr oder weniger kunstvoll überzuziehen, kamen die Erwachsenen und machten empört, entrüstet oder despotisch klar, dass diese Kleidung zu warm, zu kalt, schlicht unpassend sei. In wenigen Sekunden war nicht nur die sich entwickelnde Kreativität, sondern auch das Selbstständigkeitsstreben des jungen Menschen zunichte. Je nach den beteiligten Persönlichkeiten folgte schweigende Unterordnung oder Geschrei bis Gebrüll – ein sich Wehren des Kindes und ein Erwachsener, der ob des Kraftaufwands sich durchzusetzen in zunehmende Erschöpfung geriet.

All das vermeiden Sie fortan. Ihr Kind gestaltet. Sollte es doch einmal eine Kleidung erwischen, die ihm ein Problem einbringt,

so wird es auf der Stelle durch die gefühlte Erfahrung lernen – sagen viele Pädagog(inn)en.
Genauso verhält es sich mit den Themen Zimmer, Lernen, Freizeit. Ihr Kind ist mit großartigem Gespür für sich und wunderbaren Fähigkeiten ausgestattet. Es wird sein Umfeld bestmöglich gestalten, wenn Sie es nur lassen.
Chaos im Kinderzimmer? Unterlassen Sie jedwede Einmischung. Möglicherweise entwickelt es gerade seine künstlerische Zukunft. Vielleicht – Frage an die Pädagog(inn)en – dürfen Sie ja die Türe schließen?
Lernen? Ihr Kind kennt seine Interessen, seine Talente, es weiß, in welche Richtung es derzeit eine innere Öffnung spürt. Stören Sie diesen Prozess bloß nicht. Sie könnten seine Ausrichtung für immer zerstören. Also: wenn ihm derzeit nicht der Sinn nach Mathematik steht, berücksichtigen Sie das im Wissen des eben Gesagten.
Ihr Nachwuchs schwärmt für Fußball, Tennis, Klavier, Schauspiel? Sie freuen sich natürlich riesig. Ihr Nachwuchs findet Fußball, Tennis … nach ein, drei, sechs Monaten langweilig? Nehmen Sie ihn einfach ernst. Wie nun schon mehrmals erörtert, die Themen, die dieses junge Wesen ansprechen, haben ihren Sinn; auch wenn es sich ihnen nur kurz widmet. Wir alle wissen nicht, in welcher Form das Erlernte in sein Lebenskonzept einfließen wird – aber es wird das tun! (Sie wollen doch einen außergewöhnlichen Menschen heranwachsen sehen! Also behindern Sie seinen Weg nicht.)
Ihnen fällt an dieser Stelle augenrollend Ihrer Kinder liebstes Hobby Fernsehen oder Computerspielen ein und Sie stöhnen: „Wenn es nur einmal genug bekäme und zu etwas anderem wechseln würde!“ Aber nein, im Gegensatz zu Sport und Kultur zeigt es bezüglich dieser Medien ein schier nicht enden wollendes Interesse, eine durch nichts abzulenkende Disziplin. Seien Sie ganz unbesorgt: Kinder heute sind so vielen Anforderungen ausgesetzt, da braucht es schon etwas „Abhängen“ vor dem Bildschirm. Nichts tun, nichts denken, nichts müssen und dennoch unterhalten werden, wünschen Sie sich das nicht selbst öfters?

Doch während Sie weiter Ihren Funktionsmodus vorantreiben, ist Ihnen Ihr Kind schon voraus und gönnt sich die Auszeit! Gönnen Sie sie ihm auch. „Na gut," denken Sie nun, „aber die vielen Stunden vor dem Computer: Das kann doch nicht der Entspannung dienen!" Führen wir uns vor Augen: Diese Kinder sind in einem neuen Jahrtausend zur Welt gekommen. Der Computer ist selbstverständlicher Bestandteil ihres Lebens. Sie sind die erste Generation, die erlebt, mit der ganzen Welt verbunden zu sein. So betrachtet, können Sie doch gar nicht anders, als diesen wunderbaren Fortschritt zu unterstützen, – oder? „Es geht ja nicht nur um diese vielen Stunden – wer weiß, was mein Kind da alles sucht und sieht", wenden Sie vielleicht ein. „Ich kann ja nicht ständig schauen, ob es am Computer tatsächlich noch Disneys Dschungelbuch spielt..."

Sylvia, wir kennen sie schon, reagiert spontan mit Entrüstung auf das Ansinnen, ein Kind hinsichtlich seiner Aktivitäten zu kontrollieren. „Das wäre doch ein Einbruch in die Intimsphäre meines Kindes! Vertrauen heißt das Zauberwort. Wenn ich meinen Kindern mit Liebe, Respekt und Wertschätzung begegne, so werden sie es mir gleichtun. Wenn wir vereinbaren – von Angesicht zu Angesicht – dass sie Dschungelbuch oder was auch immer spielen, so werden sie das tun. Sie haben keine Notwendigkeit zu lügen und zu betrügen, denn sie haben nichts zu befürchten! – Und sollten sie über eine irritierende Seite stolpern, so werden sie zu mir kommen und darüber reden, denn sie haben erfahren, dass wir über alles reden können. Durch mein Vertrauen teilen meine Kinder alles mit mir. Sie haben kein Geheimnis, so wie ich keines habe und sogenannte Anregungen von Fremden werden auf der Stelle an mich herangetragen."

Aber Sylvia hat auch noch einen anderen Tipp bereit, den ihr selbst eine Freundin gegeben hat: Wie früher der Fernseher steht bei dieser Familie auch ein Computer im Wohnzimmer. Im Stundentakt darf jeweils ein anderes Familienmitglied an das Gerät. „Ist das nicht herrlich demokratisch!?", frohlockt Sylvia. „Und obendrein versinken die Kinder nicht allein in ihrem Zimmer in einer virtuellen Welt, sondern können fortlaufend in einen Austausch mit der Familie tre-

ten. – Das ist doch wunderbar, nicht wahr? Familien entdecken wieder die Behaglichkeit des Zusammenseins und die Stärke, die in der Gemeinsamkeit liegt."

Apropos Gemeinsamkeit und Demokratie: Kennen Sie die Gepflogenheit eines Familienrats? Nein? Eine unverzichtbare Einrichtung in jeder Familie! Von Klein bis Groß, Jung bis Alt finden sich alle Familienmitglieder zusammen, um Pläne, Anliegen, Probleme, kurz jedes anstehende Familienthema zu besprechen. Sie fragen, wohin der nächste Urlaub gehen soll? Italien oder Florida? Ihr Jüngstes will genauso lange aufbleiben wie die anderen? Ihr Ältester will nicht mehr zur Schule gehen? Die Waschmaschine ist kaputt gegangen und es stellt sich die Frage „Waschmaschine mit oder ohne Trockner"?

Sie sitzen zusammen, jeder hat das Recht seine Meinung zu äußern und Sie stimmen ab. Gleiches Stimmrecht für alle versteht sich!

So einfach kann Familie funktionieren! Sie erleichtern sich das Leben und Ihre Kinder lernen von klein auf die Spielregeln der Demokratie. So wichtig für Ihren Nachwuchs das Recht auf eigene Meinungsäußerung und -durchsetzung ist, so verzichtbar ist die Plage früherer Generationen, die auf die Einhaltung starrer Normen pochten.

Sie sind nun so weit fortgeschritten, dass Sie Ihr Kind lehren, das zu sagen und zu tun, was ihm gerade wichtig ist. Dazu gehört ganz sicher nicht, es dazu anzuhalten, höfliche Dinge von sich zu geben, nur weil andere das gerne hören. Das würde doch Ihr Kind vom Spüren seines Selbst wegbringen! Also vergessen Sie das Training von „Bitte" und „Danke", „Guten Tag" und „Auf Wiedersehen". Kinder dürfen nicht zu Dressuraffen erzogen werden! Nur so, wenn Ihr Kind ganz auf sich bezogen sein kann, wird es zu einem Menschen, der es versteht, sich als das Zentrum der Welt zu sehen und sich darin ernst zu nehmen; der ohne lähmende Umwege, wie etwa den Blick auf die anderen, sagt, was er will und sich nimmt, was ihm zusteht.

Freunde von Ihnen haben sich zum Essen angesagt. Ihr Kind hat bereits im Vorfeld kundgetan daran nicht teilnehmen zu wollen.

Diese Leute – aus einem anderen Jahrtausend – seien ja wohl keine Gesprächspartner, die ernst zu nehmen seien. Sie ärgern sich über Ihr Kind möglicherweise ein wenig und aus Ihrem Groll heraus denken Sie: „Na, dann eben nicht!“, und sehen kein Gedeck für Ihr Kind vor.

Sobald das Essen fertig ist und die Freunde Platz nehmen, steht Ihr Kind wie durch ein geheimes Zeichen gerufen, und blickt irritiert nach dem für es vorgesehenen Platz in die Runde. „Und ich? Habt ihr mich vergessen?!“ Peinlich berührt, in Sorge wofür Sie die Freunde wohl halten würden, wenn Sie Ihr Kind nicht berücksichtigen, versuchen Sie die Situation durch eiliges Herbeischaffen eines Gedecks zu retten; was Ihnen natürlich nicht gelingen kann. Schon spüren Sie am ganzen Körper die irritierten Blicke Ihrer Freunde, die sich über die Behandlung Ihres Kindes wundern.

Kaum haben Ihre Gäste die ersten Bissen Ihrer mit viel Liebe angerichteten Vorspeise genommen und den wunderbaren Geschmack des Käses in Verbindung mit den reifen Birnen hervorgehoben, bricht Ihr, von seiner Ignorierung noch tief getroffenes, Kind eine Diskussion über die Herkunft dieser Zutaten vom Zaun: statt zum Bauern, der nur eine halbe Stunde entfernt seinen Hof hat, zu fahren, haben Sie wieder einmal in einem der Supermärkte, der die Bauern zugrunde richtet, irgendeinen Käse gekauft – natürlich ohne zu schauen, woher er kommt. Natürlich haben Sie wieder intuitiv zu dem gegriffen, der möglichst weit gereist ist. Sie machen das auch ständig, um Ihrem Kind Ihre Geringschätzung gegenüber seinen Anliegen zu demonstrieren. Noch peinlicher berührt als zuvor versuchen Sie Ihr Kind mit Blicken zum Schweigen zu bringen, was dieses dazu veranlasst, laut zu vermelden: „Ach ja, da ist er ja wieder, dein vernichtender Blick!“ Sie glauben im Erdboden versinken zu müssen. Da setzt Ihr Kind noch eins nach: „So wie du mit mir missachtend umgehst, tust du’s eben mit allem!“ Sie werfen im Boden versinkend das Handtuch.

Aber es geht auch anders. Ein kleiner Blick dazu in Lisas, Rolands und Amelias Familie. Gleiche Situation, gleiche Aussage der Toch-

ter am Treffen nicht teilzunehmen. Anders aber Lisas und Rolands Reaktion: Sie wissen um Amelias angespannte Situation, die gerade für eine schwierige Prüfung lernt. Natürlich ist sie darauf fokussiert und natürlich ruft ihr erst der Duft des Essens ihr Hungergefühl ins Bewusstsein. Lisa, in weiser Vorausahnung, hat Besteck und Teller so hergerichtet, dass sie einfach ein Gedeck mehr anrichten kann, während Roland die Vorspeise serviert. Amelia fühlt sich eingeladen, als Person gesehen und respektiert; nimmt freundlich lächelnd unter den Freunden der Eltern Platz. Ebenso lächelnd begleitet sie das Lob der Freunde über den wunderbaren Käse. „Ja, das verdanken wir unserer Tochter! Durch ihr Engagement für die Verwendung von Produkten aus der Umgebung hat sie uns eine neue Welt eröffnet und uns zu wahren Schätzen geführt! Sie ist einfach großartig!" Amelia lehnt sich zurück und lächelt huldvoll in die Runde.

3. Zutat: Mächtigkeit – Tanzen Sie nach seiner Pfeife!

Gratulation! Das Kind sitzt fest auf seinem Thron. Die beiden ersten Hürden haben Sie nun genommen. Sie haben Ihr Kind zum Zentrum der Welt gemacht. Es sitzt sicher und fest auf seinem Thron und hat rasch verstanden, dass mit seiner Prinzen- / Prinzessinnenrolle auch Macht verbunden ist. Sobald es eine Absicht äußert, wird diese von Ihnen in die Tat umgesetzt und die Welt ist für alle in Ordnung.
Doch möglicherweise liegt hier ein gröberer Stolperstein für Sie. Denn natürlich gewöhnt sich Ihr Kind an diese alles bestimmende Position und möglicherweise bricht dann und wann eine Situation in Ihren Alltag herein, wo Sie versucht sind, die Zügel in die Hand zu nehmen. Es könnte passieren, dass Sie sich von außen, von Leuten im Supermarkt, den Fahrgästen in Bus oder Bahn oder sonst wo genötigt fühlen, Ihrem Kind in seinem Tun Einhalt zu gebieten, weil diese Menschen in Unkenntnis einer wahren, liebevollen Kinderbegleitung und als Anhänger alter, repressiver Erziehungsmethoden sich gestört fühlen; oder in Unkenntnis der Fähigkeiten Ihres Schützlings Gefahren wittern. Veranlasst durch den Druck von außen könnten Sie tatsächlich in

einen Befehlston verfallen und damit einen Keil in die wunderbare Partnerschaft mit Ihrem Kind treiben.
Es könnte aber auch passieren, dass Sie ganz unschuldig, in bester Absicht, den Willen Ihres Kindes nicht richtig erfasst haben und ihm damit für sein Wesen Unzumutbares zumuten wollen.
Schließlich, als Menschen können wir diesen Fall leider nicht ausschließen, könnte Ihre eigene Psychodynamik mit Ihnen durchgehen, weil Sie einfach Ihren Willen durchsetzen wollen, Ruhe haben wollen, nicht gestört werden wollen, sich genieren etc. etc. Natürlich wissen Sie sofort Bescheid, dass Sie durch Ihre eigene Schwäche dem Anspruch Ihres Kindes nicht gerecht geworden sind. Sie tun also gut daran, dafür zu sorgen, dass Irritationen dieser Art nicht wieder vorkommen, sonst könnte Ihr huldvoller Prinz oder Ihre charmante Prinzessin sich schnell von einer weniger charmant-huldvollen Seite zeigen.
Aber als aufgeklärte, liebevolle Eltern, mit dem Ziel vor Augen, eine von sich überzeugte, ihr Recht einfordernde Persönlichkeit heranwachsen zu lassen, wird es Ihnen nicht schwerfallen, sich zu disziplinieren. Doch eigentlich kann von Disziplin kaum die Rede sein, denn aus Ihrer Erfahrung wissen Sie: Wann immer Sie – was natürlich selten, aber möglicherweise doch geschehen ist – sich im Ton oder der Lautstärke vergriffen haben, hatten Sie im selben Moment die Konsequenzen zu tragen. Der enttäuschte Blick aus diesen Kinderaugen geht Ihnen durch Mark und Bein. Die Tränen Ihres Kindes lassen auf der Stelle Ihr Herz erweichen und Ihre Vorgangsweise bereuen. Und schon sind Sie wieder auf dem richtigen Weg! Sie entschuldigen sich bei Prinz bzw. Prinzessin und versuchen mit besonders lieben Worten, einem Geschenk und natürlich, indem Sie Ihr Liebstes gewähren lassen, wieder seine Gunst zu erlangen.
Fehltritte dieser Art sind gut in Ihrem Gedächtnis verankert und die schmerzvolle Erfahrung hilft Ihnen auch in Situationen, die ein wenig herausfordernd sind, Ihrem Weg treu zu bleiben und Ihrem Kind eine Vorrangstellung in dieser Welt angedeihen zu lassen.
Sie wissen also, was Sie zu tun haben! Aber vielleicht an dieser Stelle ein wenig Unterstützung, die Ihnen im Alltagsstress vielleicht ein langes Überlegen erspart:

Beginnen wir wieder am Morgen. Wie schon im vorigen Kapitel stehen Sie wieder voll der Liebe und Motivation, Ihr Kind in einen guten Tag zu begleiten, in der Küche und sind mit der Zubereitung des Frühstücks beschäftigt. In letzter Zeit zählen Haferflocken zu seinen Lieblingsfrühstücksmahlzeiten. Also haben Sie diese liebevoll mit frischen Himbeeren obendrauf angerichtet. Heute jedoch scheint Ihr Kind seinen Geschmack geändert zu haben. Es setzt sich missmutig an den Tisch, stützt gelangweilt den Kopf in seine Hand und stöhnt. „Nein, doch nicht Haferflocken! Die machen mich müde! Und der Kakao ist doch viel zu heiß!", vermeldet es, bevor es ihn noch gekostet hat. Nun könnten Sie Ihrerseits Missmut in sich aufsteigen fühlen. Wozu die Mühe? Was tun mit den Haferflocken? Selbst essen? Sie könnten unwirsch reagieren?

Aber nicht doch! Nicht Sie! Sie sind sich bewusst, dass nun Respekt und Raum gegen die obersten Prinzipien Ihres Umgangs sind. Wie also reagieren Sie?

„Liebes, ich werde die Haferflocken essen. Magst du vielleicht Rührei mit Schinken? Entschuldige bitte, dass der Kakao zu heiß ist. Schau, wir stellen ihn ein wenig in kaltes Wasser. Dann wird er dir hervorragend schmecken!"

Szenenwechsel: Voll Freude erwarten Sie die Rückkehr Ihres Lieblings aus der Schule, neugierig zu hören, was er denn heute schon erlebt hat. Statt der erwarteten liebevollen Begrüßung hören Sie die Schultasche in ein Eck fliegen und eine Tür knallen. Besorgt betreten Sie das Kinderzimmer, um sofort auf das Schild „Betreten verboten" hingewiesen zu werden. „Was ist denn los?", erlauben Sie sich zu fragen. Welcher Fauxpas! Nicht nur dass Sie die Intimsphäre Ihres Kindes verletzt haben, bedrängen Sie es nun mit Ihrer Frage. „Lass mich in Ruh und geh endlich aus meinem Zimmer!", bekommen Sie zu hören. Sie fühlen sich vor den Kopf gestoßen. Sie möchten aus Ihrer Besorgnis heraus doch nur helfen; und dass dieses Kind, wenn es in einem solchen Zustand heimkommt, Ihrer Hilfe bedarf, scheint Ihnen offensichtlich. Spätestens an diesem Punkt, wenn Ihr Kind Sie des Zimmers verweist, ist es an der Zeit, die Situation und Ihre

Vorgangsweise einer sachlichen Reflexion zu unterziehen: Ihr Kind will offenbar in Ruhe etwas mit sich selbst ausmachen. Sie sind im Begriff, das nicht zu respektieren. Was treibt Sie dazu? Blicken Sie also nach innen. Fühlen Sie sich schnell ungeliebt, haben Sie bei kleinsten Unstimmigkeiten das Gefühl, etwas falsch gemacht zu haben? Spüren Sie ein schlechtes Gewissen? Schon klärt sich Ihr Gefühlschaos. Ihr Agieren hat mit Ihren eigenen Unzulänglichkeiten und Ängsten zu tun. Sie wollen Harmonie und Bestätigung – nicht aber Ihr Kind! Was tun Sie nun an diesem Punkt der Reflexion? Sie geben Ihrem Kind den Raum, seine Gefühle auszuleben, entschuldigen sich für Ihre Unsensibilität, Ihre Übergriffigkeit und Ihr Unwissen über das, was Ihr Kind in diesem Moment von Ihnen erwartet hätte. Schon sind Sie auf die richtige Spur zurückgekehrt, die da lautet: Das Kind gibt vor, was geschieht. Solcherart geläutert schleichen Sie in die Küche, stellen das Essen in den Kühlschrank – morgen wird es genauso gut schmecken – und kümmern sich um die Bedürfnisse Ihrer anderen Kinder oder um sich selbst.

Stunden später: Sie kaufen fürs Abendessen ein, Ihr Kleiner / Ihre Kleine braucht dringend eine Jacke, Hose, Schulutensilien, was auch immer. So nett haben Sie sich den Nachmittag vorgestellt! Doch nun, mit Ihrem frustrierten Jugendlichen im Schlepptau, spüren Sie, wie Kraft und Motivation aus Ihrem Körper entweichen? Keine Panik! Das ist die perfekte Chance, Ihrem Großen wieder nahe zu kommen. Da stehen Sie nun, Ihr(e) Kleine(r) probiert begeistert Hosen und kann sich zwischen zwei sofort als Lieblingshosen bezeichneten, nicht entscheiden. Sie erleben Ihren kleinen Schatz so niedlich dabei, dass sie nicht umhin können, beide Stücke mitzunehmen. Da – endlich – bricht es aus Ihrem älteren Kind heraus. Immer bekäme das kleine Geschwisterchen alles, was es wolle – nur weil es so auf lieb und unschuldig tue! Als 14-, 15-, 16-Jährige(r) könne man da nicht mithalten. „Alle haben schon das neue Handy von XY, nur ich nicht! Eine Lachnummer bin ich, mit meinem alten Ding!“ Nun endlich ist es heraus! Augenblicklich sehen Sie vor Ihrem inneren Auge, wie Ihr Liebling, den Sie gerade noch als Stimmungskiller erlebt haben, von den anderen Jugendlichen in der Schule gehänselt, verlacht, schlicht an den Rand gestellt wird, weil Sie es verabsäumt haben, ihn alters-, standes-, gruppengemäß auszustatten. „Wie konnte mir das passieren? Was habe ich ihm da zugemutet?“ Ohne schwer nachdenken zu müssen, kommt das Angebot, nach den Hosen das adäquate Handy zu kaufen, über Ihre Lippen. Und schon sind Nachmittag, Harmonie und Beziehung mit Ihrem Kind gerettet.

Sehen Sie, so einfach ist das. Aber, werden Sie vielleicht einwenden, diese Dinge spielen sich ja nur innerhalb der Familie ab. Da würden Sie den Bedürfnissen Ihrer Kinder schon gerecht werden. Aber die Nachbarn, die Großeltern, diese Leute, die Ihnen fremd sind, sich aber bemüßigt fühlen, sich in Ihre Familienangelegenheiten einzumischen, die sind das Problem.

Gut, beschäftigen wir uns mit der Nachbarin. Sie kommt zum Kaffee, erzählt endlos langweilige Geschichten über den Gegenüber-Nachbarn, die laute Müllabfuhr, das neue Gebäude, das den gesamten Bezirk verunstaltet.

Ihr kleiner Sonnenschein kommt angelaufen und präsentiert Ihnen seine neueste Zeichnung. Sie unterbrechen das Gespräch, widmen sich dem Kind und bewundern seine Darstellung. Sie wenden sich wieder der Nachbarin zu. Ihr Kind will, dass Sie die Buntstifte spitzen. „Bring mir den Spitzer und die Stifte, Liebes!“ Das ist der Punkt, wo Sie zum ersten Mal die Irritation Ihres Gegenübers spüren. Aber, das ist doch klar, die Bedürfnisse Ihres Kindes gehen vor. Schließlich ist es Ihre Aufgabe, einen Prachtmenschen aus diesem Wesen zu machen. Und die Nachbarin? – Da ist ohnehin schon alles gelaufen.

Weinerlich gibt Ihr sonst so sonniges Kind zurück, es wisse nicht, wo der Spitzer sei. Dieser Blick! Sofort springen Sie hoch, folgen Ihrem Kind in sein Zimmer und machen sich auf die Suche nach dem Spitzer. Als Sie wieder zur Nachbarin zurückkehren, beseelt davon, Ihrem Kind geholfen zu haben, treffen Sie diese mit gesenktem Blick, den Kaffeelöffel hin- und herwendend, vor. „Entschuldigung, aber Sie wissen ja….“, „Natürlich, natürlich, die Kleinen….!“ Kaum setzen Sie Ihr Gespräch fort, erscheint Ihr

Kleines wieder mit einem Blatt Papier und fordert Sie auf, mit ihm gemeinsam zu zeichnen. Sie vernehmen ein kleines Stöhnen Ihrer Nachbarin, nur ein kleines, aber es katapultiert Sie augenblicklich in eine emotionale Enge. Bisher konnten Sie durch den Wertedschungel zwischen den Ansprüchen der Nachbarin und denen Ihres Kindes wunderbar durchsteuern. Doch dieses kleine, fast unhörbare Ausatmen hebelt Sie aus. Erinnert es Sie an Ihre Mutter, Ihren Vater, wenn sie so gar nicht zufrieden mit Ihnen waren? Schlagartig überfällt Sie das Gefühl, entsprechen zu müssen. Und schon hören Sie sich in ungeduldigem Ton Ihrem kleinen Liebling klarmachen, dass er sich nun selbst beschäftigen solle. Sie wenden sich der Nachbarin zu, um ganz im Entsprechensmodus den Erwartungen dieser Person nachzukommen.
Vielleicht haben Sie damit den Höhepunkt der Spannung erreicht, vielleicht spitzt sich die Lage auch noch weiter zu: Ihr Kind akzeptiert Ihre Anordnung nicht, zupft an Ihrer Kleidung im Bemühen, Ihre Aufmerksamkeit doch noch für sich zu gewinnen. Die Nachbarin, die penetrant weiterredet, lässt Sie schließlich die Kontrolle verlieren. Sie herrschen Ihr Kind an, in sein Zimmer zu gehen und nicht vor Ende des Besuchs wieder zu erscheinen.
Noch im selben Moment bereuen Sie Ihren Ausbruch aufs Äußerste. Wie konnten Sie nur Ihre wohlwollende Umgangsweise mit Ihrem Kind so verraten?! Ihr schlechtes Gewissen verunmöglicht Ihnen eine Fortsetzung Ihres Nachmittagsplausches. Heilfroh, dass die Nachbarin endlich aufbricht, aber überfreundlich, geleiten Sie sie zur Tür, in Gedanken bereits damit beschäftigt, wie Sie das Verhalten Ihrem Kind gegenüber wieder gut machen können.
Das alles hätten Sie sich ersparen können! Wenn Sie Ihrem Auftrag treu geblieben und sich stattdessen mit Ihrer eigenen Geschichte auseinandergesetzt hätten. Hier nun also – als Anregung – der Tipp, wie es gut enden könnte: Setzen wir im entscheidenden Moment an, am Stöhnen der Nachbarin. Hier haben Sie Ihre Überzeugung, sich ganz in den Dienst Ihres Kindes zu stellen, verloren; waren von einer Sekunde auf die andere daran orientiert, althergebrachte Normen zu erfüllen.

Was hat Sie dazu veranlasst? Die inneren Stimmen? „Das geht doch nicht!“, „Das kann man nicht!“, „Was denken denn da die Leute?“ Wenn Sie die sogenannten Über-Ich-Stimmen identifizieren, halten Sie den Schlüssel zur Lösung des Problems schon in der Hand. Es sind einfach nur alte, überkommene Sätze, die Ihnen hier das Leben schwer machen. Anweisungen, die dazu angetan sind, es anderen recht und angenehm zu machen, das Wichtigste in Ihrem Leben aber, Ihr Kind, mit seinen Bedürfnissen, zu übersehen.

Eine Reflexion solcher Art tut Wunder. Sie werden spüren, wie sich die Enge in Ihrem Brustraum löst und Ihr Herz wieder weit wird; so weit, dass Ihre Kreativität wieder Einzug hält und schon kommt sie Ihnen in den Sinn, die Lösung, für das scheinbare Problem. Einen Augenblick später hat Ihre Nachbarin bereits einen Stift in der Hand und kann sich Ihrer Begeisterung sich in einem Gemeinschaftsbild zu verewigen, nicht entziehen. Abends wird sie beglückt einschlafen, dankbar, durch das Zusammensein mit einem jungen Wesen Momente der Lebendigkeit erlebt zu haben und in einigen Jahrzehnten noch diesem Wesen durch dieses Bild in Erinnerung zu sein.

Die Strategie ist nun klar. Wann immer Sie unter gesellschaftlichen Druck geraten, machen Sie sich die Irrelevanz der überkommenen, sterilen Regeln deutlich. So wird aus Ihrem, öffentlichen Ärger erregenden, Kind ein lebendiges; aus Ihrem über das Geschenk der Tante motzenden Kind ein ehrliches und aus einem jede Unterhaltung störenden, ein selbstbewusstes Kind.

Kinder sind noch unverdorben, unverbildet. Ihr Reden und Handeln ist im Gegensatz zu Erwachsenen immer echt. Im Bewusstsein einer solchen Tatsache dürfte es Ihnen wohl kaum noch schwerfallen, seine Äußerungen und Bedürfnisse in den Fokus zu rücken.

Und wann immer Sie bei sich oder anderen Ungeduld, Besserwisserei und Dominanz orten, ist es höchste Zeit, diesen zu Leibe zu rücken, und den Entwicklungsraum der Kinder sicher zu stellen.

4. Zutat: Überlegenheit – Wir sind die Besten!

Sie kennen sie sicher, die Menschen, die einen Raum betreten und alle Anwesenden wissen: Hier kommt jemand Besonderer, dem im Moment des Erscheinens der Respekt aller sicher ist; Menschen, deren Aura beeindruckt, anzieht, interessiert; die andere zu Publikum, Anhängern bis hin zu Bewunderern werden lässt. Es sind Menschen, die sich ihrer Großartigkeit in jedem Moment, aber vor allem in den Momenten des großen Auftritts bewusst sind. Sie wissen, sie stehen über den anderen und über den Dingen. Schönheit, Prominenz, Klugheit, Reichtum, Erfolg… berechtigen sie dazu. „Liberté. Egalité. Fraternité." – Schnee von gestern! Nur wer die Überzeugung in sich trägt, in der oberen Liga richtig zu sein, wird zu den Gewinnern und nicht zu den Verlierern der Gesellschaft gehören; der Anspruch auf elitäres Leben und entsprechende Behandlung durch die, die in der Hierarchie weiter unten stehen, inklusive.

Ziel all Ihrer Erziehungsmaßnahmen oder besser gesagt Ihrer Begleitmaßnahmen ist ein solches Selbstverständnis Ihres Nachwuchses zu erreichen. Zwei prinzipielle Konstellationen eignen sich dafür. Erstens: Sie, Ihre Familie und damit Ihr Kind sind großartig. Zweitens: Sie selbst gehören bisher nicht zu den leuchtenden Elementen der Gesellschaft, finden aber den Weg dorthin mit, durch und für Ihr Kind.

Konzentrieren wir uns auf den ersten Fall. Ihr Erfolg, Ihr Status, Ihre Bildung, Ihr fortschrittliches Denken bestimmen die Position Ihres Kindes als Teil einer Elite. Das gilt umso mehr, wenn Sie zu den reichen und prominenten oder sonst wie herausragenden Persönlichkeiten des Landes gehören. Ihr Kind wächst in einer besonderen Familie auf, sein besonderer Lebensweg ist vorgegeben.

Lisa ist aufgewachsen im Wissen zur leistungsmäßigen Elite zu gehören. Die Eltern an Universitäten tätig, sie selbst immer eine ausgezeichnete Schülerin und Studentin, nun als anerkannte Modera-

torin im TV tätig, die mit Politiker(inne)n und anderen Mächtigen im Gespräch zu steuern weiß. Der Mann an ihrer Seite, Roland, ein anerkannter Wissenschaftler. Ein perfektes Leben, bis sich die nicht glücken wollende Schwangerschaft wie ein dunkler Schleier über ihr von Leistung und Erfolg gekröntes Leben legte. Doch es wäre nicht Lisa, hätte sie nicht auch das geschafft. Die Krise hat es nur bestätigt: Sie und ihr Mann erreichen jedes Ziel. Es ist nur eine Frage des Einsatzes und der Disziplin. Lisa ist überzeugt: diese Eigenschaften kennzeichnen Eliten und diese wird sie ihrem heißgeliebten Kind weitergeben.

Natürlich überstrahlt die kleine Amelia alle anderen, besucht eine bilinguale Schule, spielt nicht ein sondern zwei Musikinstrumente und sticht Freunde in jeder Sportart aus. Wenn in der Schule ein Buch gelesen wird, kennt sie es bereits, wenn die Lehrerin einen Ausflug zur neuesten Ausstellung initiiert, war Amelia schon dort.

Lisa wertet andere selbstverständlich nicht ab. Und dennoch nimmt ihre Tochter von Kindesbeinen an in sich die Überlegenheit ihrer Familie auf und entwickelt sie zu ihrem Selbstverständnis. Wie das geschieht? Lisa erzählt, wo immer sich Gelegenheit dazu bietet, von den Leistungen ihres Mannes, ihrer Tochter und ihren eigenen. Sie tut das so, als ob es nichts Besonderes wäre, fast beiläufig, aber so, dass das Gegenüber – Lehrer, Familie, Freunde – weiß, mit wem es zu tun hat. Etwa in der Art: „Es tut mir ja so leid, dass wir nicht kommen konnten, aber mein Mann musste leider diesen Preis entgegennehmen…" Amelia hört mit.

Amelia erlebt die Bewundernswürdigkeit ihrer Familie aber nicht nur durch die Erzählungen der Mutter, sie erlebt auch den Applaus des Publikums nach einem Vortrag des Vaters und das Getuschel der Schulkolleginnen, wenn ihre gestylte, schöne, bekannte Mutter über den Schulhof schreitet. Amelia verinnerlicht: „Wir, ich, sind besonders und andere lassen uns eine bevorzugte Behandlung zukommen." Mit der Zeit erlebt sie: „Eine bevorzugte Behandlung steht mir zu!"

Vielleicht empfinden Sie diese Darstellung wenig ermutigend, denken „Wir sind weder prominent noch akademisch." Besonderheit reduziert sich jedoch nicht auf dicke Bankkonten oder den unablässigen TV-Auftritt.

Nein! Sie können auch auf andere Weise – und damit sind wir beim zweiten Fall – Ihren Kindern tagtäglich in jedem Gedanken und jedem Handeln vermitteln: Wir sind besser als alle rings um uns herum. Wir wissen, wo sich unsere Gesellschaft hinbewegt und wo sie sich hinbewegen sollte. Wir wissen, was die anderen falsch machen und wie es richtig wäre. Wir sind überlegen in unserem Weitblick, unserer Korrektheit, unserer Toleranz.

Wechseln wir deshalb zu Sylvia und ihrer Familie.

Sylvia, leidenschaftliche Mutter, beste Gefährtin ihres Mannes Thomas und sozial-karitativ allzeit bereit, vertritt ganz andere Werte als wir sie in Lisas Familie sehen konnten; diese aber mit keinem Funken weniger Überzeugtheit und Einsatzbereitschaft.

Ihr Engagement reicht von Harmonie und Liebe in der Familie bis zu Frieden für alle Menschen; von Achtung auf ein gesundes persönliches Leben bis zur Rettung der Gesundheit der Erde. Eine solche Haltung – so Sylvias Überzeugung – zeichnet sie und ihre Familie gegenüber allen anderen, die sich in Streitigkeiten, Achtlosigkeit und Destruktivität verlieren, aus. Ihr Beispiel, ja eigentlich Vorbild, bietet anderen eine Chance – so eine weitere Überzeugung Sylvias.

Ihr Vorbild kann aufgrund seiner wunderbaren Wirkung gar nicht anders als anziehend und inspirierend für andere sein. Wer – so denkt Sylvia – beneidet sie nicht um ihr ideales Familienleben? Damit nicht genug! Das Leben, das Sylvia mit ihrer Familie vorführt, hat nicht nur Breitenwirkung, es wird seinen positiven Effekt auch auf die Zukunft hin entwickeln. Denn Sylvias Kinder, die ein so gutes Los getroffen und ein von Harmonie und Engagement für die Welt durchdrungenes Leben kennengelernt haben, werden ihre Erfahrung als Mission verstehen und diese überzeugt und enthusiastisch – wie ihre Eltern – in die Zukunft tragen.

Die beflügelnde, sich vom durchschnittlichen Dasein in die Lüfte der Besonderheit schwingende Wirkung dürfte nachvollziehbar sein, oder? Vielleicht denken Sie aber: Mit der Rettung der Erde hab ich nichts am Hut. Oder: Gar so harmonisch, da fehlt doch das Salz in der Suppe! Nur keine Entmutigung! Auch lautstark und bodenständig lässt sich ein elitäres Bewusstsein in Ihrem Nachwuchs implementieren.

Kommen wir zu Robert zurück, unserem Unternehmer.

Die kleine Greißlerei, vom Vater mit Schulden übernommen, hat er schon bald als Relikt aus einem anderen Jahrhundert erkannt. Spezialisierung war das Gebot der Stunde und in kürzester Zeit war aus der armseligen „Gemischtwarenhandlung", wie er sie überall bezeichnet hat, ein profitables Wurst- und Fleischwarenunternehmen geworden. Robert macht sich einen Namen, die durch ihn entstandenen Arbeitsplätze sichern ihm Ansehen und bald darauf Privilegien in der Gemeinde. Das Amt des Bürgermeisters lässt nicht lange auf sich warten. Er bekleidet es mit Selbstbewusstsein und physischer wie humorig-deftig verbaler Präsenz bei sämtlichen Veranstaltungen des Ortes. Robert verfügt aber auch über Kreativität und Gespür für Geschmacksentwicklungen. Die ehemalige Greißlerei hat er zu einem kleinen, aber feinen Tempel für Wurst- und Fleischwaren umfunktioniert, beliefert von der ebenfalls von ihm aufgebauten Fabrik und bepilgert von Leuten im größeren Umkreis, die das Besondere auf ihren Tischen schätzen.
Von Kleinstkindesbeinen an erfahren sich Roberts Kinder, allen voran Stefan, der Stammhalter, als über den anderen Kindern/Familien stehend und somit berechtigt, Privilegien zu genießen; besser gesagt als selbstverständlich zu erleben, die andern nicht zukommen.
Im Kindergarten verkündet Stefan stolz: „Mein Papa ist Bürgermeister und du musst machen, was ich sage!" Im Volksschulalter sichert er seinen Führungsanspruch mit: „Mein Papa hat Geld wie Heu und ich bekomme alles, was ich will – und du nicht!" Nach der Matura suggeriert ihm sein Selbstverständnis: „Ich brauche mich nicht zu kasteien, um so wie die anderen einen bescheuerten Studienabschluss zu schaffen. Für meine Zukunft ist gesorgt. Mein Vater wartet nur darauf, dass ich bei ihm einsteige."

Sie sehen also, das Vorbild und das Selbstverständnis der Eltern wirken Wunder. Weder Reichtum noch Ansehen, noch Bildung sind Bedingungen für ein elitäres Selbstverständnis Ihres Kindes. Sie können jedes Thema heranziehen, um sich und Ihrem Nachwuchs Ihre Besonderheit zu vermitteln. Sie wollen aussteigen, suchen das Abenteuer oder ganz konträr sehen sich als Schützer des Heimatgedankens? Nur zu! Mit der rechten Portion an Enthusiasmus und Leidenschaft werden Sie Ihrem Kind nicht nur Ihre Überzeugung weitergeben, sondern auch das Selbstverständnis „berufen" zu sein und anderen voranzugehen.
Sollten Sie nun knapp davor sein, das Handtuch zu werfen, weil Ihnen ein derart großartiges Selbstverständnis nicht zu eigen ist und Sie denken: „Ich bin doch nur ein ganz normaler Mensch, nicht reich, nicht prominent, nicht über die Maßen intelligent und nicht einmal mit einem Sendungsbewusstsein für was auch immer ausgestattet" – resignieren Sie nicht! Erinnern Sie sich an das Versprechen zu Beginn? Um in Ihrem Nachwuchs das Gefühl der Großartigkeit entstehen zu lassen, ist Ihre Großartigkeit keineswegs Voraussetzung. Sie selbst können durchaus in der Durchschnittlichkeit beheimatet sein, Sie müssen nur dafür sorgen, dass Ihr Kind den Status der Großartigkeit erreicht. Egal ob Sie zur Eiskunstlaufmutti werden oder zum allzeit präsenten Tennispapa, ob Sie Ihrem Kind bei jeder Theateraufführung beistehen, begeistert von seiner Beliebtheit berichten, wo immer sich dazu Gelegenheit bietet, oder erstaunt bei der ständig ansteigenden Anzahl der Follower Ihres Teenagers mitfiebern, was zählt ist einzig und allein Ihre Bewunderung! Spenden Sie ihm Beifall, lassen Sie es spüren, dass es besser ist als alle anderen Kinder im Freundes- und Bekanntenkreis, wenn Sie über seine Art oder seine Leistung sprechen. Kinder haben gute Ohren und werden Ihre Worte aufsaugen. Die Wirkung Ihrer Bewunderung wird nicht lange auf sich warten lassen. Sie werden ein Kind erleben, das sich schon bald mit geradem Rücken und hocherhobenem Haupt durch seine Welt bewegt; ein Kind, dem andere folgen, es zum Gruppenführer wählen, vielleicht sich auch ein wenig vor ihm in Acht nehmen.

Kleiner Nebeneffekt, der Ihnen gefallen könnte: Das Talent, die Klugheit, der Charme Ihres Kindes färbt auf Ihre Befindlichkeit ab, bereichert und beglückt die ganze Familie. Sie partizipieren als Eltern am Erfolg Ihres Nachwuchses, der ja schließlich durch Sie auf dieser Welt ist und Ihnen letztendlich alles verdankt. Spüren Sie, wie Ihr Selbstwert wächst?

5. Zutat: Selektive Wahrnehmung – Alles ist wunderbar!

Nun sei noch ein unerlässliches Gewürz für ein dauerhaftes Gefühl der Großartigkeit genannt: Ihr Kind und Sie kennen Probleme nicht. Was immer Sie tun, es ist gut, wichtig und führt zum Erfolg. Sie haben Zweifel wie das geht? – Mehrere Strategien führen zum Ziel. Ganz Begnadete nehmen Negatives einfach nicht wahr, es ist nicht, was nicht sein darf. Ihre Wahrnehmung fokussiert, was zum Selbstverständnis passt, und eliminiert, was als Störfaktor identifiziert wird – ähnlich der Fähigkeit des Gehörs, Hintergrundgeräusche auszuschalten. Diese grandiose Form der Wahrnehmung gestaltet eine Welt nach Wunsch! Die Vorstellung triumphiert über Schauen und Spüren. Augen, Herz und Bauch können Dauerurlaub nehmen.

Unterstützung findet diese Weltsicht zum Zweiten durch eine gehörige Portion Umtriebigkeit, die Schutz vor einer grüblerischen Innenschau mit pessimistischem Ausgang bietet. Je mehr Tagesordnungspunkte den Alltag durchspicken, umso weniger Raum für unnötige Infragestellungen.

Eine dritte Hilfestellung – diese dürfte laut landläufiger Meinung Frauen besonders zugänglich sein – gewähren Prominente. Ihnen sei Dank! Ihr wunderbares Leben in luxuriösen Villen, die Zurschaustellung unglaublicher Roben, ihr Händeschütteln mit noch prominenteren Celebrities und ihr allerliebster, jederzeit vorzeigbarer Nachwuchs sorgen für einen keinerlei Anstrengung erfordernden Identifikationsprozess. Über Handy, Computer oder TV nehmen Sie Platz in deren Wohnzimmern und schon ist das Leben genauso glitzernd, durchtränkt von Liebe und Erfolg wie das von Stars und Königen!

Solcherart einer grauen Weltsicht enthoben, bieten sich mehrere Ausbaustufen für Ihre Welt nach Wunsch an: Mithilfe Ihrer wundervoll gefärbten Brille erfahren Sie sich und Ihre Liebsten in einem von Liebe und Glück durchströmten Leben. Oder Sie erweitern den Radius Ihrer rosaroten Sichtweise auch auf Familie und Freunde; besser noch auch auf Ihr berufliches Umfeld und das schulische Ihrer Kinder. So halten Sie Probleme und jedes Ungemach des Lebens außen vor. Alles ist großartig und wunderbar, die Menschen, die Erde, das Universum. Was für eine großartige Aussicht für Ihr Leben!

Robert gehört nicht zu der Art Mensch, die das Wunder „Welt" oder das Wunder „Leben" zelebrieren. Die Welt steht selbstverständlich zur Verfügung, das Leben ist einfach zu leben. Aber seine Familie besitzt Sonderstatus. Niemand in der Umgebung kommt an die Tüchtigkeit der Seinen heran. Von klein auf hören seine Kinder, allen voran Stefan, die Lobpreisungen über den Fleiß und die Disziplin von Roberts Eltern, mit denen alles begann. Die Schulden der Eltern erwähnt er nie. Niemals hat er eine Schwäche seiner Eltern oder einen Mangel seiner Kindheit beklagt. Von klein auf erleben Roberts Kinder ihren Vater als Inbegriff des vielbewunderten Geschäftsmanns, der seinerseits nicht müde wird, seinem Nachwuchs Mut, Kreativität und den unerschütterlichen Glauben an sich selbst als unentbehrliche Ingredienzien für ein makelloses, von Erfolg gekröntes Leben zu vermitteln. Eine wichtige Zutat in diesem Cocktail: Roberts erweiterte Größen-Selbstsicht, die Frau und Kinder inkludiert. Den Stolz auf seinen Werdegang überträgt er auf die Schulkarriere von Stefan und Co. Was immer sie in der Schule zusammenbringen, Robert lobt seine Kinder vor anderen Leuten bei jeder sich bietenden Gelegenheit in höchsten Tönen. Mit Vorliebe zitiert er – schelmischen Augenzwinkern inklusive – das Sprichwort vom Apfel, der nicht weit vom Stamm fällt; um schon im nächsten Satz die alles ermöglichende umsichtige Erziehung seiner Frau, Marlies, zu betonen. Eigentlich sei alles, er, die Kinder, die Firma, ihr Verdienst; Produkt ihres perfekten Managements. Kritik von Lehrer(inne)n nimmt Robert nicht zur Kenntnis. Streit mit seiner Frau umschifft er mit einem liebevoll-

ironischen, „aber Marlies, du hast immer Recht!" Probleme in der Firma kommentiert er mit: „Nur durch Herausforderung werden wir stark!" Wie können sich Stefan und seine Schwestern einer solch beeindruckenden Sicht der Dinge widersetzen, einer Sichtweise, in der Schwäche, Grübeln, Scheitern einfach nicht vorkommen?

Zugegeben, die gänzliche Eliminierung aller Schwierigkeiten gestaltet sich manchmal nicht so einfach – wie wir auch an späterer Stelle bei Marie noch sehen werden.

Aber auch in abgespeckter Form gibt es ein Leben an der Sonne. Sie kennen doch sicher den Hinweis auf das „halbvolle" und das „halbleere" Glas! Sie brauchen nur ein wenig Übung und schon sehen Sie in Zukunft das halbvolle Glas. Sie wachen auf und es regnet. Bisher dachten Sie spontan: „Oh weh!" Von nun an denken Sie: „Wunderbar, die Natur bekommt etwas zu trinken!" Und schon breitet sich ein Gefühl der Dankbarkeit in Ihnen aus. Oder: Der Bus, die Bahn fährt Ihnen davon. Wie Sie sich doch bisher über ein derartiges Missgeschick geärgert haben! Denken Sie an das halbvolle Glas! Was bemerken Sie? Sie können in Ruhe die Stimmung um sich wahrnehmen, die Vögel zwitschern hören, das Gelächter der Kinder um Sie herum, die Luft schnuppern, was auch immer. Das Versäumnis bietet Ihnen ein Geschenk an. So einfach ist das. Sie fokussieren das Gute an einer Situation und schon sieht die Welt wunderbar aus. Wenden Sie diese Übung auf Ihre Kinder an und Sie alle werden Nutznießer eines Lebens ohne Versagen, Drama und Scheitern sein! Sie werden sehen, mit einem Mal erscheint Ihr Kind nicht mehr im Licht des drohenden Versagens, sondern im Licht seiner Talente. Die Schule mutiert vom Horrorszenario, das Sie mit allen Kräften physisch und psychisch zu überleben trachten, zum Hort des sozialen Austauschs, wo Ihr Kind sich in der Gemeinschaft wohlfühlt; zum Ort der Kreativität, wo sich Ihr Kind an seiner Begabung erfreut.

Es ist eine Frage des Fokus und der Gewichtung. Sie, und damit auch Ihr Kind, bestimmen, was Beachtung verdient.

Reicht die Fokussierung auf die positive Seite der Dinge nicht ganz aus, so behelfen Sie sich mit einer kleinen Umdeutung. ähnlich im Ergebnis, aber unterschiedlich in der gedanklichen Vorgehensweise. Hier lassen Sie Negatives nicht einfach unbeachtet, hier geben Sie ihm eine neue Interpretation.

Es mag erstaunlich klingen, aber wir Menschen verfügen über die Fähigkeit, fast alle Ziffern, Daten, Umstände und Ereignisse auf verschiedene Weise zu interpretieren. Hören Sie sich doch zwei Ehepartner an, die über einen x-beliebigen Sachverhalt in Streit geraten oder politische Parteien, die absolut glaubhaft diametral entgegengesetzte Positionen zu einer gesellschaftlich relevanten Frage vertreten und damit von ihren jeweiligen Wählern Zustimmung erhalten und erstaunlicherweise sich nach der Wahl allesamt als Gewinner darstellen.

Wie gesagt, wir alle können das – und somit auch Sie. Etwas Fantasie, ein wenig Kreativität und schon fliegt Ihnen eine neue, die Dinge in akzeptabler bis wunderbarer Perspektive erscheinenden Sichtweise zu.

Unsere Protagonisten erweisen sich als Meister dieser Kunst.

Nehmen wir Amelia, Lisas und Rolands Tochter, wieder in den Blick. Sie erinnern sich? Das heißersehnte Mädchen, dem nahezu täglich seine und die Besonderheit seiner Eltern vorgeführt wird. Amelia ist hübsch, beliebt, talentiert, eine ausgezeichnete Rechnerin. Aber siehe da, schon in der ersten Klasse zeigt sich etwas, das Experten als Rechtschreibschwäche bezeichnen würden. Nicht so Lisa und Roland. Sie sind allzeit voll der Begeisterung über ihre rundum hervorragende Tochter. Oma, Opa, Tante, Onkel kennen ausschließlich „Wunderkind-Erzählungen". Ein Problem mit der Rechtschreibung? Keiner käme auf diese Idee. „Wie kann das sein?", wundern Sie sich vielleicht? Amelia erzählt phantastisch phantasievolle Geschichten, lässt eine kleine Begebenheit wie das Ausfallen des ersten Zahns zur großen Abenteuergeschichte werden. Ihre erwachsenen Zuhörer sind hingerissen von der Kreativität und Ausschmückungsgabe des kleinen Mädchens. Von hier ist es nur ein kleiner Schritt Amelias Rechtschreibung als Ausdruck ebendieser Kreativität zu interpretieren; unterstützt von Amelias schlagfertigen Erklärungen zu ihrer Schreib-

weise. „Glocke schreibt man mit einem weichen G am Beginn, Amelia, nicht mit einem K." berichtigt Lisa ihre Tochter. „Aber nein, Mama, die Glocke der Kirche bei uns klingt ganz hart. Deshalb muss ich sie mit K schreiben." Lisa lächelt und denkt, „sie hat Recht", und erzählt bei nächster Gelegenheit von den klugen Überlegungen ihrer Tochter.

Außerdem: Wer braucht noch eine Rechtschreibung? Computer korrigieren ohnehin von selbst. Obendrein lässt die wunderbare Erfindung der Abkürzungen etwaige Fehler unsichtbar werden. Keiner weiß heutzutage, dass Sie möglicherweise „liebe Grüße" ohne „ie" oder mit „ss" geschrieben hätten. Die Gabe von Amelias Familie Dinge nach Belieben zu interpretieren, können Sie mit Hilfe des Beispiels leicht übernehmen und auf jedes Problem Ihres Kindes übertragen: Ihr Kind hat Probleme mit dem 1x1? „Einstein ist schließlich auch durchgefallen!", könnten Sie etwaigen Kritikern Ihres Kindes entgegenschleudern, was bezüglich seines naturwissenschaftlichen Genies zwar nicht stimmt, aber durch den allgemein bekannten sich hartnäckig haltenden Mythos jedermann zum Schweigen bringen wird. Außerdem: Schon bald darf Ihr Kind einen Taschenrechner verwenden. Er eliminiert das Problem ein für alle Mal. Also wozu sich sorgen?

Oder Sie fragen sich: „Wieso sitzt mein Kind nur zuhause herum? Trifft keine Freunde? Stimmt etwas nicht mit ihm?" – Woher denn? Es hängt seinen Tagträumen nach. Ihr Kind verschlingt Bücher, wie großartig! Es widmet sich der großen Welt der Literatur – vielleicht der Beginn seiner Autorenkarriere.

Oder: Ihr Kind verbringt jede freie Minute am Computer. Seien Sie ganz beruhigt. Es ist einfach talentiert und imstande die kniffligsten Probleme am Computer zu lösen. Seine Fähigkeiten werden ihm noch jede Menge Geld einbringen!

Also: Sie sehen ein Problem, eine Schwäche, ein Scheitern am Horizont? Nehmen Sie ihn nochmals in den Blick, diesen Probleme ankündigenden Horizont und schon bemerken Sie eine wunderbare Rosafärbung des Lichts, das Vibrieren einer warmen Strömung. Anderes und Neues taucht vor Ihren Augen auf. Sie

müssen nur hinschauen! Schon sehen Sie Ihre Welt, die Ihres Kindes und Ihrer Familie in einem anderen Schein.
Vielleicht aber haben Sie es nicht so ganz mit der Farbe rosa. Sie orientieren sich lieber an klaren Fakten? Auch für Sie gibt es eine Strategie: die Projektion – eine geniale Erfindung unserer Psyche. Alles was an Ihnen oder Ihrem Kind kritisch bzw. als Schwäche wahrgenommen werden könnte, projizieren Sie einfach auf andere. Das verschafft ein herrliches Gefühl der Leichtigkeit, denn von nun an brauchen Sie sich nicht mehr mit dem nagenden Gefühl, einen Fehler begangen zu haben, oder eine Schwäche zu besitzen, herumschlagen, was beides kräftig an Ihrem Selbstwert kratzt. Nein, nun sind Sie der/die Gute und immer im Recht. Der Fehler, die Schwäche wird bei einem geeigneten Gegenüber festgemacht. Wie das gehen soll? Anhand von Jenny, Sylvias und Thomas' jüngerer Tochter, wird die Strategie ganz leicht nachvollziehbar.

Sylvia und Thomas sind friedvoll engagierte Eltern, die die Welt verbessern wollen. Ihr Selbstbild trübt aber Jennys unerklärliche Eigenart, laufend mit anderen Kindern in Konflikt zu geraten, was von kleinen Rempeleien bis zu Balgereien am Klassenzimmerboden reicht. Durch die Beschwerden anderer Eltern fällt die Möglichkeit, die Vorkommnisse zu übersehen und zu übergehen, sie schlichtweg nicht wahrzunehmen, aus. Ein Uminterpretieren von Jennys schneller Aggressionsbereitschaft als Ausdruck für das Engagement für eine bessere Welt gestaltet sich wohl schwierig. Vorbild und blutige Nasen? Da stimmt wohl etwas nicht so recht zusammen. Was bleibt also? Die Strategie der Projektion. Kopfschüttelnd erzählen Jennys Eltern, wie unfassbar traurig es sei, dass eine an höheren Werten orientierte Familie wie Ihre so viel Leid auf sich ziehe. Anstatt ihre Kinder zu motivieren, in Jenny ein Vorbild zu sehen, würden die Eltern der anderen Kinder diese zu respektlosen Bezeichnungen wie „die Heilige Familie" ermutigen. „So etwas können sie wohl nur zuhause gehört haben!", entrüstet sich Sylvia. Aus Neid würden sie Jenny wegen ihrer Kleidung aus dem dritten Weltladen auslachen, ihr das gesunde Jausenbrot mit der Bitte, es doch auch einmal kosten zu dürfen, ab-

spenstig machen, um es dann mit Gelächter im Mistkübel landen zu lassen. Oder Jenny anstacheln es sich wiederzuholen, während sie es hoch über ihren Köpfen von einem zum anderen weiterjonglieren. „Welch aggressive Generation!", kommentiert Thomas. Ihre arme, friedvolle Tochter werde gezwungen, sich zu wehren, ihr Jausenbrot wiederzuholen; die provokanten Attacken abzuwehren, wolle sie nicht mit einem Nasenbeinbruch nach Hause kommen.

Wichtiges Detail dieser Strategie am Rande: genaue Beschreibungen der Hergänge, zeitliche Abfolgen oder Beweggründe der beteiligten Personen spielen keine Rolle. Sie könnten die Projektion ins Wanken bringen.
Ob Ignorieren von Schwäche, der Blick durch die rosarote Brille oder Projektion – eine Vorgehensweise wird Ihnen sicher entgegenkommen und somit Ihren „Werkzeugkoffer" für den erfolgreichen Aufbau eines unanfechtbaren Selbstwertgefühls Ihrer Kinder abrunden.

6. Zutat: Eine kleine Prise Zweifel

Sie haben also bisher Ihr Bestes gegeben, alles eingebracht, um Ihrem Kind den Weg zur Großartigkeit zu ebnen. Mehr oder weniger leicht ist es Ihnen gelungen, die Zutaten für ein von sich umfassend überzeugtes Selbstbewusstsein bei Ihrem Nachwuchs zu verankern: Bedeutsamkeit, unbeschränktes Recht auf was auch immer, Mächtigkeit, Überlegenheit und schließlich Unfehlbarkeit. Soweit, so verheißungsvoll! Die Autor(inn)en so mancher Ratgeber wären stolz auf eine solch ideale Umsetzung ihrer Vorschläge im Umgang mit Kindern. Nach Umsetzung modernster, idealistischer Maßstäbe in Sachen Kindesbegleitung dürfen Sie sich vorerst stolz zurücklehnen.
Doch: Nicht zu lange! Denn nun bedarf es der einen, wahren Zutat für eine anständige Narzissmus-Entwicklung, sozusagen der Würze. So wie Chili einer Mahlzeit erst das gewisse Etwas verleiht, verschafft eine Prise Zweifel Ihrer bisherigen optimalen Erziehung das nötige Feuer für ein unfehlbares Selbstverständnis.

Ohne Zweifel kein Narzissmus. Es gilt, in welcher Form auch immer, einen Zweifel an der Fassade aller Herrlichkeit kratzen zu lassen. Was soll das sein, „ein Zweifel“, werden Sie sich vielleicht fragen. Das ist leicht zu beantworten. Dazu braucht es lediglich einen Schuss menschliche Realität, menschliche Begrenztheit, ein da und dort doch „Nicht-vollkommen-Sein“. Zeit vom Olymp herabzusteigen in die irdischen Niederungen und schon macht sich Zweifel an der Vollkommenheit breit.

Wenn Ihr Kind spürt, vielleicht unbewusst, wahrscheinlich unausgesprochen, dass an all Ihrer / seiner Großartigkeit etwas nicht stimmt, wenn es ahnt, dass seine perfekte Familie, sein unglaubliches Talent nicht die ganze Wahrheit beinhaltet, dann nistet er sich ein, der Zweifel. Der Narzissmus erwacht.

Möglichkeiten dafür finden sich viele. Sie reichen von der besagten Ahnung im Untergrund bis zum nagenden Schmerz. Vielleicht gehören Sie ja zu den Soft-Eltern und mögen es nicht so kantig. Dann eignet sich die erste Variante besonders gut für Sie, die uneingeschränkte Idealisierung.

So etwa das Beispiel von von Amelia, dem Wunderkind, das aufgrund seiner herausragenden Kreativität und Intelligenz sogar die Rechtschreibung reformiert. Amelia verfügt tatsächlich über viele Talente und erhält die gerechte Anerkennung dafür. Aber erst die waghalsige Interpretation ihrer Rechtschreibschwäche als Kreativitäts- und Intelligenzbeweis setzt den Zweifel in Amelias Herz, nur sanft und leise. Klug wie Amelia ist, bemerkt sie doch ein kleines Stirnrunzeln bei den rundum so wohlwollenden Eltern und ein kleines Zögern, bis diese ihre Rückmeldung zu formulieren imstande sind. Sie registriert, dass die Lehrerin immer ihre schöne Schrift lobt und auch die bunten Verzierungen ihrer Buchstaben, während unter den Texten ihrer Freundin ein lobender Kommentar zu deren richtigen Wörtern steht. Sie fragt sich, weshalb die Mutter ihre Wörter korrigieren möchte, sie dann lächelnd so belässt, wie Amelia sie geschrieben hat und bei den Großeltern, Tanten und Onkeln ihre klugen Argumente zur Rechtschreibung zum Besten gibt.

Amelia beschleicht das Gefühl, dass etwas nicht stimmt, dass etwas mit ihr nicht stimmt. Sie fantasiert. Und indem die Erwachsenen ihr nicht sagen, was und wie es ist, aber unglaublich freundlich tun, beginnt sie Schlimmes zu fantasieren. Sie kommt nicht zum naheliegenden Schluss, sich mit der Rechtschreibung einfach ein wenig schwer zu tun. Nein, allmählich denkt und fühlt sie, etwas mit ihr müsse ganz verkehrt sein, so verkehrt, dass keiner ihr die Wahrheit zumuten wolle.

Idealisierung und Zweifel – die kongenialen Partner für das Katapultieren eines normalen Selbstbewusstseins in olympische Sphären. Wie das funktioniert, im Detail, werden wir im nächsten Kapitel beleuchten. Stimmen wir uns vorerst anhand eines weiteren Beispiels darauf ein, wie der Zweifel in die Großartigkeit gestreut werden kann.

Die absolute Idealisierung ist ja nicht jedermanns Sache. Zum Beispiel auch nicht die von Robert. Seine Sicht der Dinge ist bodenständiger. Er hält seine Familiengeschichte hoch, er lässt jeden von seinem Stolz auf seine Kinder wissen, interpretiert sie aber nicht als Genies. Er ist überzeugt, seinen Erfolg an seine Kinder weitergeben zu können. Was gäbe es hier für ein Kind zu bezweifeln?
Wäre da nicht Roberts Aufbrausen, heftig und schnell vorüber, von der Außenwelt unerkannt, wenn er sich im Mark seines Selbst- und Familienverständnisses getroffen sieht. Wann soll das schon der Fall sein, wenn niemand etwas davon mitbekommt, wo Robert doch so gut wie immer in der Öffentlichkeit steht? Stefan weiß, wann das der Fall ist. Abends, wenn das Geschäft geschlossen ist, Stefan vom Fußball zurückgekehrt ist, steht die Vater-Sohn-Zeit an; gemeint ist die Zeit, in der Robert seinen Sohn ins Geschäft einführt, denn dass dieser die Firma zu übernehmen hat, steht außer Zweifel. Hier, wo es um Roberts Leidenschaft und Lebensentwurf über seinen Tod hinausgeht, kennt er keine Gnade. Lob für und Stolz auf Stefan haben hier keinen Platz, will er den Sohn doch zu einem fähigen Nachfolger machen. Schon mit zehn lernt Stefan Schweine und Rinder zu zerlegen, mit zwölf wird ihm die Buchhaltung nahegebracht, mit vierzehn hat er sie zu kontrollieren. Der in der Schule so selbstbewusst auftretende Jugendliche mutiert in diesen Abendstunden zu

einem untertänigen, den Vater unablässig beobachtenden Jungen. Denn beim kleinsten Fehler gerät Robert außer sich vor Wut über einen dermaßen unaufmerksamen, schlampigen, schlichtweg unfähigen Sohn, der wohl niemals imstande sein wird, das Lebenswerk seines Vaters zu würdigen. Sobald die beiden am Tisch zum Abendessen in der Familienrunde Platz nehmen, ist Robert wieder der über alle Probleme erhabene Familienvorstand. Er selbst findet seine Ausbrüche auch keineswegs hinterfragenswürdig. Einen Sohn müsse man doch fordern, damit dieser in seine Aufgaben hineinwachsen könne. Und Stefan? Stefan schließt diese Erlebnisse in eine Kammer seines Gedächtnisses ein, zu der niemand Zutritt hat, auch er selbst nicht, wenn er in der Schule den Supermacho gibt.
Robert schafft, höchstwahrscheinlich unbewusst, hervorragende Voraussetzungen für Stefans überselbstbewusste Entwicklung. In jeder von Publikum, und sei es nur die eigene Familie, eingesehenen Situation erlebt sich Stefan als Roberts ganzen Stolz, um in den abendlichen Lehrsituationen jäh vom Thron gestoßen zu werden. „Was bin ich nun?", fragt es in der verschlossenen Gedächtniskammer, „Naturtalent-Loser?" Der nagende Zweifel tut seine Arbeit.

So wie Robert das Selbstbewusstsein seines Sohnes zu Fall bringt, lassen sich eine Reihe von Strategien zur Implementierung des Zweifels empfehlen. Allesamt von einer einzigen Person zu bewerkstelligen. Sie brauchen also nicht einmal Unterstützung. Im Gegenteil! Für unser angestrebtes Großartigkeits- und Überlegenheitsgefühl sollte der Zweifel keinesfalls überhandnehmen, sonst landen wir schlichtweg im Minderwertigkeitsgefühl. Man streue also nur eine Prise Abwertung oder Ironie ein. Oder „Du bist großartig, aber wenn du meine Ansicht nicht teilst, bist du nichts." Da gäbe es auch die plötzliche Ungeduld. Sobald etwas, Ihr Kind, nicht wie am Schnürchen läuft; etwa wenn Ihr so talentierter Nachwuchs sich weigert, allein in den Supermarkt zu gehen. Sie reißen ihm die Tasche aus der Hand „ach gib schon her, alles muss ich selber machen!" Oder eine andere Möglichkeit: Ihr allzeit voller Terminkalender verbietet Ihnen Trödeleien. Daher, wenn Ihr Kind von einem Problem berichtet, nesteln Sie nervös an Ihrem Handy oder Ihrem Time Manager, während Sie es auf später vertrösten. „Ja, ja, das besprechen wir dann! Du weißt, ich hab's eilig!" – Wohl wissend, dass Ihr Kind schon schlafen wird, wenn Sie heimkommen.

Neben diesen kleinen, oftmals später kaum erinnerten Nadelstichen sei eine Vorgehensweise empfohlen, die ganz und gar ohne ein negatives, ironisches oder tadelndes Wort auskommt: die Erziehung zum hundertprozentigen Funktionieren. Dabei handelt es sich um eine etwas anspruchsvolle Methode. Ausgangspunkt ist wie immer die Vermittlung der Bedeutsamkeit Ihres Nachwuchses. Sie setzen ihn wie bereits besprochen auf den Thron eines Prinzen, einer Prinzessin. Sie präsentieren Ihr Kind als überaus intelligent, liebreizend, sozial kompetent. Unter diesem Dach leben Sie nun eine Weltordnung, die nicht hinterfragbar ist. Jedes Familienmitglied erfüllt seine von ihm erwartete Funktion. Anderes ist nicht denkbar. Ihr Prinz / Ihre Prinzessin übernimmt den Anspruch perfekt zu funktionieren. „Wo soll da ein Zweifel Platz finden?", lautet vielleicht Ihr Einwand. In diesem Fall handelt es sich tatsächlich um einen sehr leisen, aber umso effizenteren Zweifel. Unbewusst wird Ihr so viel gelobter Nachwuchs spüren: „Hier geht es nicht um mich, um meine Art, meine Talente. Hier geht es nur um meine Rolle, die ich erfüllen soll, um das, was ich für meine Eltern darstellen soll, damit sie nach außen glänzen können." Die Art der Rolle ist der Interpretation des Kindes und der Suggestion der Eltern überlassen. Als wesentlich ist nur die perfekte Ausführung anzusehen. Eine ungeheuer wirksame Methode. Sie loben und lieben Ihr Kind, Ihr Kind erlebt sich in einer wunderbar harmonischen, perfekten Familie – und ganz heimlich nagt das Gefühl des Nicht-gesehen-Seins an seinem Selbstwert.

Eine weitere, überaus bequeme Methode, um bei Ihrem Nachwuchs Zweifel an seiner Wichtigkeit auszulösen, besteht in einem allzeit phlegmatischen durch nichts zu einer Stellungnahme zu verleitenden Umgang. Ihr sechsjähriger Sohn berichtet begeistert vom Tor, das er geschossen hat, Ihre achtjährige Tochter beklagt die Ungerechtigkeit der Lehrerin. Sie scheinen die Schilderungen zu hören, enthalten sich aber jedes Kommentars. Ihr vierzehnjähriger Sohn schwänzt die Schule, Ihre fünfzehnjährige Tochter hat sich am Wochenende bis zur Bewusstlosigkeit betrunken. Sie hören sich die Kommentare von Lehrer(inne)n oder Ärzt(inne)n geduldig an und plaudern beim Abendessen Belangloses, als wäre nichts geschehen. Ihr pubertierender Nachwuchs erhöht die Gangart, kifft, bricht die Schule ab, in Erwartung Ihrer Reaktion. Doch nichts kann Sie in Ihrer Überzeugung beirren, Ihrer Elternaufgabe durch Gewährenlassen und das Verkneifen Ihrer eigenen, altmodischen Sichtweisen am perfektesten nachzukommen. Sie können sicher sein, Ihr Nachwuchs feiert die Coolness solcher Eltern. Sie werden trotz Pubertät eine wunderbare Zeit miteinander verleben, während sich im Untergrund die für eine narzisstische Entwicklung so wichtige Frage formuliert: „Bin ich denn überhaupt wichtig für sie?"

Soweit nun die Möglichkeiten, die Sie allein in der Hand haben, ohne auf das Zusammenspiel mit anderen angewiesen zu sein. Da gäbe es aber noch Varianten, in denen Sie die Situation zwar nicht autark managen, dafür aber von der Notwendigkeit den Zweifel selbst zu implementieren, entbunden sind. Sie dürfen dabei in Ihrer Idealisierung verharren, der schwarze Peter liegt bei jemand anderem, zum Beispiel beim Partner oder bei der Partnerin. Sie loben Ihr Kind ohne Ende, geben ihm das Gefühl, großartig zu sein, Ihr(e) Partner(in) wird nicht müde, das Kind zu kritisieren, lässt kein gutes Haar an ihm. Eine perfekte Ausgangssituation für die narzisstische Entwicklung. Ihr Kind erfährt sich als Sieger und Verlierer in einem, verliert die Orientierung und findet Halt im Glauben an seine Großartigkeit, gepaart mit der heimlich schwelenden Angst in Wahrheit minderwertig zu sein.

Eine abgemilderte, aber keineswegs weniger effektive Version: Ihr(e) Partner(in) kritisiert Ihr Kind für ein Fehlverhalten, versucht dem Kind Grenzen zu setzen und Konsequenzen für sein Handeln zu vermitteln. Ihr Part: Sie schweigen oder beschwichtigen oder lächeln einfach nur. Sie werden über den Effekt verblüfft sein. Sie und Ihr Liebstes finden eine wunderbare Allianz, denn Sie beide sind sich über die richtige Sichtweise der Situation einig. Zudem können Sie sich der größeren Zuneigung Ihres Kindes sicher sein; denn Sie verstehen, achten und wertschätzen es. Im Gegensatz zum / zur Partner(in); und während Sie der gewährende Papa, die verstehende Mama sind, setzen Sie den so wichtigen Zweifel ins Herz Ihres Kindes. Denn auch wenn Sie der beliebtere Elternteil sind, Ihr Kind registriert die Haltung, die Aussagen des anderen Teils und fragt, unbewusst, wo die Wahrheit liegt.

Im Zuge dessen sei noch eine ganz spezielle Form der Allianz erwähnt, die als ebenso häufig wie erfolgreich einzustufen ist: die Erhebung eines Sohnes / einer Tochter in den Status eines Partners / einer Partnerin. Sie sind frustriert in Ihrer Partnerschaft? Kein interessantes Gespräch, für Sie Grundnahrung, hat jemals stattgefunden? Ihre Frau / Ihr Mann scheint mit dem Beruf verheiratet? Sexualität – eine mühsame, frustrierende Angelegenheit? Die Hobbys, sie könnten unterschiedlicher nicht sein? Oder: mögliche Konsequenz der ernüchternden Situation, Sie wurden verlassen? Eine deprimierende Lebenssituation, wäre da nicht Ihr Sohn / Ihre Tochter in wunderbarem Alter: aufblühend jung, alt genug, um Ihren Schmerz zu verstehen und zu teilen, aus Liebe bereit, alles in seiner / ihrer Macht stehende zu tun, um Sie wieder lächeln zu sehen. Der Abwertung bedarf es bei dieser speziellen Form einer Größen-Ich-Entwicklung nicht. Die Spannung entsteht hier nicht durch „Plus" und „Minus", sondern durch ein „Plus", das durch ein größeres, unrealistischeres, inadäquates getoppt wird. Ein „Ich bin stolz auf dich! Du bist ein toller junger Mensch!" wird ersetzt durch „Was täte ich nur ohne dich? Mein Leben wäre verloren! … Du bist meine ganze Hoffnung, meine einzigartige Stütze.… Du bist, Gott sei Dank, nicht wie dein Vater / deine Mutter! Werde nie wie er / sie!"

Sollten Sie sich in einer solchen Gedankenwelt, beziehungsweise Lebenssituation vorfinden, so ist der Weg Ihrem Kind eine narzisstische Karriere zu ermöglichen, wie aufgelegt. Ihr Kind fühlt sich durch Ihre Bedürftigkeit geschmeichelt, wichtig – großartig.

Der Zweifel schleicht sich leise ein, quasi durch die Hintertür. Ihr Kind fürchtet, Ihnen nicht gerecht zu werden, sorgt sich, den Vater / die Mutter doch nicht ersetzen zu können. Und bemüht sich umso mehr… Die Polarität zwischen Großartigkeit und Scheitern ist erfolgreich etabliert.

Teil 2
Unerwünschte Nebenwirkungen

Es ist nun der Grundstein gelegt für ein übergroßes Ego Ihres Kindes. Die wichtigsten Zutaten dafür – es brauchen durchaus nicht alle zu sein – sind etabliert.; inklusive der alles entscheidenden Würzung durch eine Prise Zweifel. Eine Zukunft im Bad des wirtschaftlichen, finanziellen oder gesellschaftlichen Erfolgs rückt damit in greifbare Nähe. Aber nur möglicherweise. Zwar sind es Narzissten, die die Welt regieren, aber nicht jede narzisstische Persönlichkeit erreicht den Olymp.
Das Gefühl der eigenen Großartigkeit und Überlegenheit bleibt eventuell im persönlichen Erleben stecken und erreicht nicht die Umsetzung in der Welt. Damit kommen wir wieder zu den Klagen der Eltern am Beginn dieses Buches. Trotz oder eigentlich wegen Ihrer Bemühungen – unseren beschriebenen „Zutaten für den Narzissmus" – besteht die Gefahr, dass Ihr Kind am Widerspruch zwischen den eigenen Ansprüchen und den realen Gegebenheiten der Welt scheitert.
Egal jedoch ob eine narzisstische Persönlichkeit sich ihrer Großartigkeit nur in ihrem Inneren hingibt und die Lebensgestaltung anderen überlässt, oder ob sie damit in der Außenwelt die höchsten Karrierestufen erklimmt und zu Geltung und Macht gelangt, beiden Lebensvollzügen gemeinsam ist: Erfüllung finden sie nicht.

- Tiefe, ehrliche Gefühle bleiben verwehrt.
- Erfüllende Begegnung und Beziehung bleiben fremd.
- Zufriedenheit, Erfüllung, Glückserleben bleiben verschlossen.
- Stattdessen kriecht Einsamkeit wie unvorhergesehener Sommernebel ins glamouröse Lebensgefühl.
- Konflikte, Beziehungsabbrüche sind dauerhafte Lebensbegleiter.

Es scheint schwer vereinbar, dass ein schier unantastbares Selbstwert- und Überlegenheitsgefühl, sowie das Selbstverständnis von anderen bedient und hofiert zu werden, Hand in Hand gehen sollen mit Gefühlsflachheit, Beziehungslosigkeit, Einsamkeit und Unzufriedenheit. Das mag Unverständnis, ja Ernüchterung hervorrufen. Aber eigentlich handelt es sich lediglich um den Preis für Großartigkeit und ultimative Erfolgsorientierung – so wie all unser Streben Konsequenzen nach sich zieht.

Dem Verständnis des Zusammenhangs von Großartigkeit und Unerfülltheit soll dieser Teil des Buches gewidmet sein.

Die Ausformung des Narzissmus

Wenn in der öffentlichen Diskussion von Narzissmus die Rede ist, können damit recht unterschiedliche Vorstellungen verbunden sein. Deshalb ist hier eine wichtige Differenzierung vorzunehmen. Jeder kennt da und dort eine narzisstische Reaktion in Teilbereichen des alltäglichen Verhaltens. Das kann eine Neigung zur Gekränktheit sein oder eine situative narzisstische Entwicklung, etwa durch einen Karrieresprung. Anders stellt sich die Situation bei Personen dar, deren Erleben und Verhalten von einer narzisstischen Symptomatik durchtönt ist und die in den folgenden Ausführungen im Mittelpunkt stehen sollen. Im Extremfall mündet eine solche Symptomatik in die narzisstische Persönlichkeitsstörung, in der die Schutzmechanismen so dominant sind, dass ein freies Erleben und Verhalten nicht mehr möglich ist.
Welche psychischen Dynamiken liegen nun diesen Konstellationen zugrunde und treiben die Ausformung der narzisstischen Persönlichkeit voran? In der Fachliteratur finden sich dazu verschiedene Antworten. Allen gemeinsam ist die Beobachtung eines Größen-Ichs; eines Ichs, das nicht einer realistischen Selbstreflexion fähig ist, Stärken und Schwächen nicht in das Selbstbild integrieren kann, sondern zur Aufrechterhaltung seines vordergründigen Wohlbefindens der Großartigkeit, der Überlegenheit und Unantastbarkeit bedarf.
Daraus ergibt sich bereits die nächste Frage: Weshalb entwickelt sich ausgerechnet ein Größen-Ich? Die meisten verletzenden Erfahrungen der Kindheit führen zu einem Mangel- oder Minderwertigkeitserleben. Die Ausformungen sind vieler Art: In Angst vor Krankheit und Tod gefangen sein, der Liebe anderer nicht

wert sein, den Zugang zu Genuss und Lebendigkeit nicht finden, vergeblich nach der Wertschätzung anderer dürsten, erfolglos bleiben, keinen Sinn in seinen Handlungen finden, schlichtweg dem Leben nicht gewachsen sein.

Kindheitserfahrungen, gerade auch Verletzungen, in der Form zu verarbeiten, sich vordergründig nicht als unsicher oder mangelhaft zu erleben, sondern ganz im Gegenteil als überlegen und großartig, stellt eine Besonderheit dar – allerdings eine häufig zu beobachtende Besonderheit.

Neben einer konstitutionellen Gegebenheit (Tutsch 2002) beschreibt Kohut (2018) gesellschaftliche Veränderungen, durch die es zu einer vermehrten Narzissmusentwicklung kommt; etwa den Umstand, dass elterliche Defizite kaum noch durch die Großfamilie ausgeglichen werden. Die Soziologin Waterstradt (2019) nennt in einem Interview in der österreichischen Tageszeitung „Der Standard" die Vorrangstellung des Kindes gegenüber den Eltern als Kennzeichen der heutigen Familie. Seine Persönlichkeitsentwicklung und Bedürfnisse stehen im Mittelpunkt. In der kindzentrierten Familie, wie sie diese Form nennt, sind die Eltern zu Dienern des Kindes geworden – entsprechend den bisherigen Erörterungen ein hervorragender Nistplatz für narzisstische Entwicklungen.

Die psychotherapeutische Sicht legt das Hauptaugenmerk auf die individuell-biografischen Bedingungen. Bezüglich dieser werden in der Literatur Liebesmangel, Vernachlässigung, Missachtung, Abwertung und Verwöhnung gleichermaßen als Grund für eine Narzissmusentwicklung angegeben.

Aus existenzanalytischer Sicht ist hier eine Differenzierung vorzunehmen. Während ein Mangel an Liebe, Wärme und Geborgenheit in Zusammenhang mit depressiven Entwicklungen gesehen wird, die Erfahrung von Übergriffigkeit und Abwertung (ohne Überhöhung) einer histrionischen[2] Entwicklung zugeschrieben werden, liegt der Schlüssel für eine

[2] Die histrionische Störung ist von einem Selbstwert-Mangel gekennzeichnet, den die betroffenen Personen durch übertriebenes, aufmerksamkeitssuchendes Verhalten auszugleichen trachten.

pathologische narzisstische Entwicklung im Dreh- und Angelpunkt von Überhöhung bzw. Wertschätzung auf der einen Seite, Infragestellung und Abwertung auf der anderen. Ob Überhöhung oder Wertschätzung – diese Menschen haben erfahren, für jemanden wertvoll zu sein. Sie wissen, wie sich „wert sein" anfühlt. Damit ist der Zugang zu diesem Erleben prinzipiell eröffnet. Ganz im Gegenteil zu Menschen, die kaum beachtet oder gelobt wurden und denen das Selbsterleben „ich bin wer, ich kann etwas", fremd anmutet – Menschen, deren innerer Dialog von Kritik im mindesten Fall und Beschimpfung im extremen gekennzeichnet ist. Narzisstische Menschen tragen zumindest zum Teil eine anerkennende Stimme in sich und verbinden sich mit ihr.

Aber leider existiert da noch der Gegenpart, der Auslöser des Narzissmus: die innere Stimme, oft nur eine Ahnung, die Minderwertigkeit suggeriert; egal ob mit direkten abwertenden Aussagen wie „Du bist ein Nichts, Du kannst in Wahrheit gar nichts!", oder lediglich als nagendes, stummes Gefühl, möglicherweise nicht so großartig zu sein wie geglaubt. Hier, im bereits beschriebenen Zweifel an der Großartigkeit könnten narzisstische Menschen ein Miteinander mit allen anderen verletzten Seelen finden und sich verbunden fühlen.

Tun sie aber nicht. Denn im Unterschied zu diesen tragen sie, wie schon erwähnt, das Erleben der Einzigartigkeit und der Beachtenswürdigkeit in sich. Sie haben erfahren, jemand zu sein, jemand Besonderer zu sein. Zumindest durch eine Person oder wenigstens zeitweise haben sie erfahren, wie sich Besonderheit anfühlt. Kernberg formuliert: „So findet man regelmäßig in der Vorgeschichte dieser Patienten, daß sie alle irgendeine bestimmte Eigenschaft gehabt haben, die objektiv dazu geeignet war, bei anderen Bewunderung, aber auch Neid zu erwecken. Eine außergewöhnliche körperliche Attraktivität zum Beispiel oder irgendeine besondere Begabung wurden auf diese Weise zu kompensatorischen Lebenstechniken ausgebaut, mit deren Hilfe man dem Gefühl, im Grunde ungeliebt zu sein und allent-halben nur auf Rachsucht, Neid und Haß zu stoßen, zu entgehen hoffte" (Kernberg 2019:

270). Dieses Erleben ist als Erinnerung und als Anspruch in ihrem Inneren gespeichert, jedoch aufgrund des Zweifels, der Infragestellung nicht in sicherer, ruhiger gelassener Form. Wie ein Dorn sitzt der Zweifel in Herz und Hirn und verwundet mit jeder Bewegung das Bild jemand Besonderer zu sein. Der Schlüssel für die Entwicklung eines Größen-Ichs liegt also in einer Diskrepanz der kindlichen (Er)lebenswelt zwischen Wertschätzung bis hin zur Idealisierung auf der einen Seite und Ignoranz, Missbrauch und Abwertung auf der anderen. Dabei kann die Diskrepanz ganz unterschiedliche Formen annehmen.

Idealisierung und die Einnistung des Zweifels

Im Unterschied zur durchgängigen Abwertung, Geringschätzung, einem Übersehen-Werden oder Überschreitung der Grenzen eines Kindes, bewirkt Überhöhung flüchtig betrachtet ein kraftvolles Selbstbewusstsein. Der überdimensionale Raum, der ihm gegeben wird, die übergroße Aufmerksamkeit, die ihm zuteil wird, die ausschließliche Orientierung an seinem Willen, münden in ein großes, starkes Ego. Wie gesagt, oberflächlich betrachtet. Denn das Überdimensionale und Ausschließliche birgt bereits den Stachel des Zweifels in sich.

- *Idealisierung und Verwöhnung pur in Form von Ausdruck und Verhalten*
  „Du bist unser Augenstern!"… „Unsere Tochter ist so beliebt, sie kann sich vor lauter Einladungen gar nicht erwehren! Alle wollen mit ihr befreundet sein!"… „Unser Sohn ist der Größte! Keiner läuft so schnell, keiner rechnet so schnell, keiner checkt die Dinge so schnell wie er!" Eine Realität, die nicht sein kann.

- *Idealisierung ohne stellungnehmende Präsenz*
  Der Vater nennt seine Tochter „Prinzessin". Oft bekundet er seinen Stolz auf sie. Aber wann immer sie ein Problem hat – in der Schule, mit Freunden, einen Konflikt mit der Mutter – taucht er unversehens ab. Gerade noch im Raum, ist er

stillschweigend verschwunden, zu einem Termin, ans Telefon oder nur in den Garten. „Wieso nur entzieht er sich?“, fragt sich die Tochter.

- *Idealisierung gepaart mit Abwertung – die häufigste Form*
  Die alleinerziehende Mutter lässt sich erschöpft auf einen Sessel fallen, als sie heimkommt. Ihr Achtjähriger düst aus seinem Zimmer und möchte sofort seine Anliegen loswerden. Sie: „Nicht jetzt, bitte!“ Er: „Aber, aber, ich muss…!“ Eine Ohrfeige stoppt seine Aufgeregtheit. Am nächsten Tag, es ist Wochenende, holt ihn sein Vater ab. „Na, Käpt’n, was befehlen Sie?“ „Ich will in den Zoo, es gibt neue Pandababys.“ „Ihr Wunsch ist mir Befehl! Und dann? Burger oder Pasta?“ „Burger! Ich will drei!“ „Jawohl, Käpt’n!“ – „Wieso findet mich Papa toll und Mama nicht?“, fragt sich der Bub.

Gehen wir zur Illustration kurz auf Miriam ein.

Miriam, Stefans jüngere Schwester, erlebt von Anfang an die Liebe und den Stolz ihrer Eltern, ebenso wie das durch ihren Vater vermittelte Selbstverständnis einer erfolgreichen, angesehenen Familie anzugehören. Es tut ihr gut. Sie entwickelt sich zum Sonnenschein. Im Gegensatz zu ihrem älteren Bruder prasseln auf sie nicht die hochgeschraubten Erwartungen des Vaters ein. Sie darf sich entwickeln, wie es ihrem Wesen entspricht. Vorerst. Während Stefan mit Hilfe seines Selbstbilds als Sohn des Bürgermeisters den Anspruch auf Bevorzugungsstatus seinen Klassenkollegen gegenüber stellt, entsteht rund um Miriam eine ganz andere Dynamik: Ihre ehemals beste Freundin beginnt einen Abwertungsfeldzug gegen sie. Sie wird nicht müde, den Schweinegeruch am Anwesen von Miriams Eltern zu beschreiben, die Freunde zu animieren, doch an Miriams Haaren zu riechen. Sie motiviert jede und jeden, der/die bereit ist, neben Miriam zu sitzen, durch irgendein Versprechen davon wieder Abstand zu nehmen. Mi-riam, bis dahin ein sonniges und selbstbewusstes Mädchen, verfällt zusehends. Manche Lehrerinnen, blind für das Geschehen, kritisieren ihre plötzliche mangelnde Mitarbeit. Andere, motiviert durch was auch immer, möglicherweise durch die Antipathie dem Vater gegenüber bzw. die Ablehnung seiner

Macht, solidarisieren sich durch kritische Bemerkungen über Miriam und ihre Familie mit der Schulklasse. Das Podest, auf dem stehend die Kleine herangewachsen ist, bricht unter ihr zusammen. Zurück bleibt eine Spaltung ihres Selbstbilds zwischen Sonnenschein und Abschaum. Die Abwertung, das Mobbing aber hat Miriams Kampfgeist zum Leben erweckt. Um jeden Preis wird sie den inneren Zweifel und etwaige Zweifel der Umwelt bekämpfen. Sie wird allen zeigen, wozu sie imstande ist. Sie wird ihre Widersacher überflügeln und ihnen eines Tages Bewunderung abringen. In ihrem Inneren wird sie darauf konzentriert sein niemanden von ihrer Niederlage und der daraus erwachsenden Unsicherheit wissen zu lassen.

- *Paarung von Idealisierung und überfordernden Ansprüchen*
  Bei dieser Paarung wird das Kind – bei aller Liebe – nicht in seiner Person wahrgenommen, sondern einem hundertprozentigen Funktionieren und einem strikt vorgegebenen Weg untergeordnet: die Familie steht im Licht der Öffentlichkeit, die Eltern etwa namhafte Politiker. Von Kindesbeinen an lernen ihre Kinder: lächeln, Mund zu, strammstehen. Es könnte ja eine Kamera auftauchen; die Nachbarn, die Freunde, die Schule – allesamt Feinde, die das perfekte Familienimage ins Wanken bringen könnten.
  Die gängigere Form: die Eltern – Ärzte, Lehrer, Inhaber der Apotheke in der kleinen Gemeinde; die Kinder, wissend um ihren Status und in der ständigen Mahnung, „Was sollen bloß die Nachbarn denken?!" Die Kinder übernehmen Statusdenken, Disziplin und unhinterfragtes Funktionieren von den Eltern. Nur so kommen sie dem vermeintlich gerechtfertigten Anspruch an sie nach. Nur so sichern sie sich einen angemessenen Stand in der Gesellschaft. Aber die heimliche Frage rumort im Untergrund: „Wer wäre ich eigentlich? Und wäre ich da auch anerkannt?"

- *Paarung von Überhöhung und Missbrauch des Kindes als Partnerersatz, als Lebenssinn oder zur Allianzbildung*
  Das Wort „Missbrauch" mag in diesem Fall vielleicht radikal klingen, ist aber angesichts der fatalen Auswirkungen einer sol-

chen Konstellation angebracht. Die Überhöhung des Kindes dient der narzisstischen Erweiterung des bedürftigen Elternteils, wodurch dieser Bedeutung für sich gewinnen kann (vgl. Wardetzki 2011). Dieser junge Mensch trägt die Verantwortung für das Glück bzw. die Selbstbehauptung der Mutter / des Vaters. Die Aufgabe für den bedürftigen Elternteil zur Verfügung zu stehen – sei es durch Zuhören und Verstehen, sei es durch Verwirklichung von Zielen, die den Eltern versagt geblieben sind oder etwa durch eingeforderte Solidaritätsbekundungen – katapultiert es gleichzeitig auf ein Podest und in eine Funktion, der es niemals gewachsen sein kann.

Der Vater hat die Mutter, die Familie verlassen. Die Mutter, schon jeher gefangen in abhängiger Bedürftigkeit – weniger finanziell als emotional – verkraftet das nun Auf-sich-Gestellt-Sein und die Verantwortung für die Kinder tragen zu müssen nur schlecht. Aber „zum Glück" gibt es ja den Erstgeborenen, schon 14-jährigen Sohn, der noch dazu in bewundernswerter Weise Geschick in handwerklichen Dingen und Sensibilität im Umgang mit Menschen zeigt. Während er seiner Mutter unter die Arme greift, klagt sie ihm ihr Leid, erzählt vom verwerflichen Verhalten des Vaters und ihrer Enttäuschung. „Aber ich weiß, du wirst nie so furchtbar mit mir umgehen!", pflegt sie ihren Klagen hinzuzufügen. Der junge Mann wird alles tun – vielleicht ein Leben lang – um seine Mama nicht zu enttäuschen.

„Die Mutter agiert auf diese Weise ihren unbewältigten Männerhass aus, indem sie versucht – und das gelingt bei der großen Abhängigkeit des kleinen Jungen meistens sehr gut – den Sohn auf ihre Seite zu ziehen, ihn mit ihren Negativerfahrungen und Vorurteilen zu vergiften. Der Sohn bleibt dann muttergebunden und vaterverachtend und erleidet damit eine doppelte narzisstische Verletzung: Die notwendige Ablösung von der Mutter hin zur Selbstbestimmtheit gelingt ebenso wenig wie die Identifikation mit einem guten männlich-väterlichen Vorbild" (Maaz 2012: 112).

Streit in der Familie und immer das gleiche Thema: Die Tochter spielt stundenlang am Computer, statt für die bevorstehende Schularbeit zu lernen. Die Mutter, in großer Sorge, weil ein Nicht Genügend im Zeugnis droht, ergeht sich in Vorwürfen gemischt mit Anregungen, Befehlen, schließlich Resignation. Von der Mutter unbemerkt zwinkert der Vater seiner Tochter zu, lächelt. Als die Mutter entnervt den Raum verlässt, flüstert er verständnisvoll wie verschwörerisch: „Du weißt, sie übertreibt es immer. Nimm das nicht so ernst. Du schaffst doch ohnehin alles, mein Schätzchen!"

Zweifel trotz Wertschätzung

An dieser Stelle sollen einige spezielle Formen der Narzissmusentstehung Erwähnung finden, die oft dem elterlichen Einfluss entzogen sind und deshalb im ersten Teil des Buches nicht berücksichtigt wurden. Es sind Situationen, in denen das Kind nicht auf ein Podest gehoben wurde, sein Aktionsradius nicht ein unbegrenzter war oder alle nach seiner Pfeife tanzten. Auch die Parole „Wir sind die Besten!" war nicht ausgegeben worden und keine rosarote Brille hatte seinen Blick verklärt. Überhöhung und Idealisierung, ob in Reinkultur oder gepaart mit Missbrauch bzw. Abwertung stehen hier nicht im Zentrum. Hier erlebt das Kind eine Spaltung zwischen zwei konträren Lebenswelten: hier Raum, Zuneigung, Anerkennung; dort Ablehnung, Kritik, Geringschätzung. Spaltungen dieser Art finden sich manchmal zwischen den Elternteilen, den Eltern und der weiteren Familie oder zwischen der Familie und der Außenwelt. Oft, aber nicht immer, zeigt sich hier der Narzissmus brüchiger. Unumstößliche Großartigkeit ist seltener anzutreffen. Die Betroffenen leiden im Inneren eher an Unsicherheits- und Minderwertigkeitsgefühlen, die sie nach außen hin durch Unantastbarkeit und Stärke kompensieren.

- *Wertschätzung gepaart mit grober Abwertung von wichtigen Personen über die Kernfamilie hinaus*

  Die Eltern behandeln ihr Kind großteils mit Wertschätzung, mitunter mit etwas zu wenig Eintreten für das Kind gegenüber abwertenden Kräften oder auch mit etwas zu viel Fürsorge, von außen jedoch bricht eine Abwertung in die kindliche Welt herein, die die Wertschätzung in Frage stellt: Aufgrund beruflicher Verpflichtungen bedarf es der regelmäßigen Unterstützung durch die Großeltern. Ebenso regelmäßig wiederholt sich beim Abholen die folgende Szene: Während die Kinder den ankommenden Eltern in die Arme laufen, zum Wiedersehen umarmt und in die Luft gehoben werden, wettert die Großmutter: „Also eure Kinder! Unmöglich wie ihr sie erzieht! Die wissen überhaupt nicht, wie man sich Erwachsenen gegenüber benimmt. Alles muss man ihnen sagen. Die machen nichts von allein! Und diese Allüren! Was hat ein Kind schon zu sagen, wie ich es frisieren soll?“ Entrüstet stimmt der Großvater ein: „Oder dieser Bengel glaubt doch glatt, mich ausbessern zu können, wenn ich rede. Als ob er schon vor mir auf der Welt gewesen wäre!“ Im Auto dann die bange Frage des Sohnes: „Papa, sind wir wirklich so schlecht wie Oma und Opa sagen?“ „Nein, natürlich nicht! Ihr seid unsere Wonneproppen!“ „Aber warum mögen sie uns dann nicht?“, flüstert das Mädchen.

- *Mobbing*

  Eine besonders extreme Form der Spaltung zwischen einem durchaus wertschätzenden Umgang in der Familie und der groben Infragestellung der Werthaftigkeit des Kindes durch die Umwelt stellt das Mobbing dar. Mobbing ist ein häufiger Auslöser von Traumatisierungen:

  „Hab einen schönen Vormittag!“ Mit diesen Worten hilft die Mutter ihrem Jungen die Schultasche zu schultern. Sie drücken sich zum Abschied und mit einem „Tschüss, Liebes!“, winkt sie ihrem Kind nach. Dessen Blick verfinstert sich, sobald er sich auf den Weg macht, unsichtbar für seine Mutter. Er weiß was nun kommt. Kaum erreicht er die Busstation, spürt er schon den ersten Stoß in die Rippen. „Hey, da ist er ja wieder, unser Loser!“ Schneller als er reagieren kann, ist die Schultasche von seinem Rücken gerissen und zum Ball zwischen den Schulkameraden geworden. Als der

Bus kommt, fliegt die Tasche ins einige Meter entfernte Gebüsch. Mit Mühe schafft er es sie zu retten und den Bus zu erreichen, bevor dieser abfährt.
In der Klasse angekommen, stellt ihm der erste entgegenkommende Junge ein Bein. Nachmittags fehlt das Geographieheft, das er zum Lernen für den Test am nächsten Tag benötigt. „Ich weiß, ich habe es eingepackt," klagt er. „Wir fahren nochmals zur Schule. Vielleicht finden wir es auf deinem Platz,", tröstet die Mutter. Er nickt, ahnt aber anderes. – Tage nach dem Test taucht es ganz zufällig am Lehrertisch auf.
„Liebes, wie war es in der Schule?" „Okay. – Ich muss heute noch viel lernen." „Das Essen ist schon fertig." Mutter und Tochter unterhalten sich während des Essens über dies und das. Danach begeben sie sich an die Arbeit, die Mutter mit einem Lächeln über das nette Gespräch, die Tochter in banger Ahnung. Sie fährt den Computer hoch – und da sind sie schon wieder, diese Mails. „Wir machen dich zur Sau, du Schlampe!" „Eine wie du, hat bei uns nichts verloren!" Sie zermartert sich seit Wochen den Kopf, wer hinter diesen Nachrichten stecken könnte und weshalb. Wieder und wieder lässt sie Situationen des letzten Jahres Revue passieren, um den Grund für diese Aussagen herauszufinden. „Was habe ich falsch gemacht, wo habe ich mich danebenbenommen? Wem habe ich geschadet?" An Lernen ist nicht zu denken. Immer war sie sich ihrer selbst sicher gewesen, wusste, wer sie war und was ihre Ziele waren. Sie hatte sich geborgen gefühlt in ihrer Familie und ihrem Umfeld. Doch nun wusste sie nichts mehr…. Da – ein neuer Posteingang: „Schick uns ein Nacktbild – und du hast deine Ruhe."

Mobbing bricht mitunter völlig unvermutet in die Welt eines Kindes herein. Kinder, die sich mit einer derartigen Situation konfrontiert sehen, erleben diese als äußerst leidvoll. Eltern, deren Ansinnen auf eine starke, aber realistische Entwicklung des Selbstbilds und Selbstwerts ihres Kindes ausgerichtet ist, sehen sich plötzlich einem feindlichen Geschehen gegenüber, das, obwohl sie alles in ihrer Macht Stehende tun, um ihrem Kind zu helfen, fatale Spuren der Unsicherheit in diesem hinterlässt. Wer ist es nun? Das geliebte, geschätzte Kind oder Außenseiter? Entspricht die Haltung der Eltern der Wahr-heit oder ist doch eher das Verhalten der Gleichaltrigen, die ehrlichere Antwort auf seine Persönlichkeit? Im zweifelnden Zwiespalt zwischen familiärem und schulischem Erleben findet der Narzissmuskeim fruchtbaren Boden für seine Einnistung.

- *Wertschätzung gepaart mit Scham*

  Der erste Schultag. Aufgeregt fiebert der sechsjährige Junge den bevorstehenden Geschehnissen entgegen. Stolz nennt er auf die Frage seiner zukünftigen Lehrerin hin seinen Namen. „Ah ja, deine Mama habe ich schon kennen gelernt." Der unmittelbar darauf folgende Stoß seines Nachbarn verbunden mit angedeuteten hinkenden Bewegungen lassen ihn blass werden vor Scham. Alle haben es schon bemerkt, seine Mama hinkt.

  Der Zufall will es, dass sein zweiter Sitznachbar aus einer Sportlerfamilie stammt und sich mit dem beschämten Jungen anfreundet. Dieser tut fortan alles, um bei den sportlichen Unternehmungen mithalten, ja vielleicht den Freund übertrumpfen zu können. Als dessen Mutter, eine ehemalige Leichtathletin, der er seine ganze kindliche Bewunderung schenkt, ihn lobt und als Ansporn für ihren Sohn bezeichnet, fühlt sich das für den kleinen Jungen wie der siebente Himmel an.

  Der zwölfjährige Erich leidet unter der Arbeitslosigkeit seines Vaters. Jahre schon ist dieser ohne Job, die Stimmung in der Familie im Keller. Durch den zunehmenden Alkoholismus des Vaters häufen sich die Auseinandersetzungen. In der Schule verheimlicht Erich wie es um seine Familie steht, gibt sich den Anschein eines fröhlichen Jungen, der allzeit zu jugendlichen Scherzen aufgelegt ist. In Wahrheit verbringt er die Nachmittage auf seinem Fahrrad auf der Flucht vor seinem Zuhause allein – und doch nicht allein: sein Wohnort hat sich zum angesagten Refugium für die Reichen und Schönen des Landes entwickelt, die hier ihre Auszeit von Verpflichtungen und der Szene zelebrieren. Erich beobachtet sie beim Tennis und bei ihren Poolpartys. Abends, im Bett, träumt er einer von ihnen zu sein. Wenn Kirtag angesagt ist, Maibaumerrichtung oder Feuerwehrfest, schlägt sein Herz höher. Dann kommt er auf Tuchfühlung mit seinen Idolen. Beim Blechdosenschießen schlägt er all die für ein paar Stunden aus ihren edlen Refugien auftauchenden Nachkömmlinge der Prominenz. Er erntet manchen Applaus und einen Geldschein und träumt, er wird sie einst übertrumpfen, reicher und berühmter sein als sie.

Nicht selten erleben Kinder ein durchaus annehmendes, wärmendes Elternhaus, in dem sie an und für sich gut gebettet wären, werden aber mit zunehmendem Alter einer Unterlegenheit von Eltern / Mutter / Vater im Vergleich mit Gleichaltrigen gewahr, die sich zum Beschämtsein über Familie und Herkunft entwickelt. Im Normalfall erleben Kinder bis zur Pubertät ihre Eltern als „groß und stark". Diese sind es, die ihr Leben und ihre Entwicklung sichern, sie schützen, sie nähren und ihnen die Welt nahebringen. „Das ist meine Mama!", „Das ist mein Papa!", verkünden sie stolz. Sie identifizieren sich mit den Eltern und partizipieren so an deren Größe, Wissen und Können. „Ist Papa toll, bin ich auch ganz toll!"

Was aber, wenn Kinder (vor der Pubertät) empfinden, dass ihre Eltern in einem für sie essentiellen Bereich nicht bewundernswert sind und ihnen die Identifikation versagt ist? Vor allem im Vergleich mit anderen Eltern, sei es durch Krankheit, Behinderung, Arbeitslosigkeit, Armut, Außenseitertum ein Gefühl des Genierens Raum greift? Die Sehnsucht nach Identifikation und Nähe mit bewundernswerten Bezugspersonen bleibt und sucht nach Möglichkeiten. Bietet sich ein Feld – die angesehene Familie des Schulfreundes, die Nachbarn, der Sportclub, ein Mentor, der eine neue Welt zu eröffnen vermag – so richten Kinder, die sich für ihre Herkunft genieren, häufig ihre ganze Konzentration darauf aus, von diesen angesehenen, von ihnen bewunderten Menschen wahrgenommen und so ein Teil von ihnen zu werden. Der Stachel der Minderwertigkeit im Herzen wird dadurch leider nur überdeckt, nicht geheilt. die Spaltung zwischen dem an der Außenwelt orientierten Selbst und dem inferioren Familienselbst etabliert die narzisstische Entwicklung.

- *Abwertung gepaart mit Idealisierung anderer*
  Diese stellt durch die Idealisierung anderer eine spezielle Form der Narzissmusförderung dar.

Die weiche, ihren Kindern so manches nachsehende Mutter, verbringt den Nachmittag in ruhiger, harmonischer Stimmung mit den Kindern. Gegen Abend, in Erwartung des Vaters, mischt sich Anspannung in die Atmosphäre. Sobald dieser seinen Mantel abgelegt hat, fragt er nach den Schulleistungen, will die Hausübungen sehen, bemerkt mit mitleidig, abwertendem Schmunzeln, die Mama habe sicher wieder über alle Fehler hinweggesehen und beginnt sein „Beurteilungsgericht". Als erster kommt sein Ältester an die Reihe: „Das kann doch wohl nicht wahr sein – ein Befriedigend, wozu investiere ich so viel in dich, du bist doch ein hoffnungsloser Fall! Und – wie haben die anderen abgeschnitten? – Zum Beispiel Fred?" „Eine zwei", kommt es zögernd über die Lippen des Jungen. „Und Markus?" „Eine eins", die kaum hörbare Antwort. Umso lauter der Vater „Natürlich! Alle haben wieder einmal kapiert wie's geht, nur mein Sohn nicht! Der glaubt ja so großartig zu sein, dass er sich gar nicht bemühen muss. Die anderen, die passen eben auf in der Schule, die üben vor einer Schularbeit!" „Ich habe auch geübt", wirft der Junge leise ein. „Ja was denn, dann würde hier wohl nicht alles rot sein, oder?!" Mit einer abfälligen Bewegung wirft er das Schularbeitsheft auf den Tisch und wendet sich seinem Jüngeren zu: „Wie sieht das denn aus, du schreibst wie der Hahn am Mist! … Was, du hast die Rechnung einfach durchgestrichen?! So nicht, mein Lieber!" Er reißt die Seite aus dem Heft. „Nochmals und zügig, wenn ich bitten darf!" Resigniert wendet sich der Vater ab. Der Achtjährige ist es gewohnt, dass die ihm gewidmete Zeit im Vergleich zu seinem Bruder ein Minimum beträgt. Einesteils ist er froh darüber, rasch dem aburteilenden Gericht zu

entkommen, anderenteils nagt in ihm die Frage, weshalb der Vater sich so viel mehr Zeit für den Bruder nimmt.
Danach passiert tagtäglich die gleiche wundersame Verwandlung des Vaters. Er betritt das Zimmer seiner Tochter, lächelt und streicht ihr übers Haar. Laut und deutlich hörbar für die Buben seufzt er: „Was täte ich nur ohne mein Mädchen?!" Sein Blick schweift nur kurz über ihre Hefte. „Wie schön du das alles wieder gemacht hast! Da weiß ich, wofür ich mich abrackere. Aus meinem Mädchen, da wird etwas werden!" Die Kleine schenkt ihm ein strahlendes Lächeln, klettert auf seinen Schoß und beginnt alle Ereignisse des Tages zu erzählen. Das fröhliche Geplauder, unterbrochen von Kichern und Lachen, tönt schmerzvoll in den Ohren der Buben. Auf dem Weg retour bleibt der Vater nochmals an deren Zimmern stehen: „Nehmt euch ein Beispiel an eurer Schwester! Schaut mal in ihr Zimmer, da könnt ihr sehen, was ein ordentliches Kind ist, an dem sich seine Eltern freuen können!"

Die beständige Abwertung eines Kindes prägt sich als schmerzvolle Erfahrung in seinem Gedächtnis ein, die sich zur Minderwertigkeit entwickelt. Die Paarung mit einer ebenso konstanten Idealisierung eines anderen, verwandten oder befreundeten Kindes birgt ein weiteres narzissmusförderndes Potential in sich.
Ein Kind, das unentwegt mit den Vorzügen eines anderen konfrontiert wird, diese ihm sozusagen permanent unter die Nase gerieben werden, verinnerlicht, wie Großartigkeit aussieht und sich anfühlt. Dieser Großartigkeit nahe zu kommen, sie sich einzuverleiben, angetrieben durch den Stachel der Minderwertigkeit, wird zur bestimmenden Zielsetzung seiner Entwicklung.

Schutzmechanismen / Copingreaktionen

Wir haben nun diverse Szenarien für eine narzisstische Entwicklung erfahren. Allen gemeinsam ist, dass die narzisstische Persönlichkeit zumeist ein Übermaß an Aufmerksamkeit und Wertschätzung gepaart mit Zweifel erfahren hat. Die, wenn auch nicht durchgehende Erfahrung, über die Maßen wichtig und wertvoll zu sein, hat zu einer Stärke verholfen, die sich ihrem Schicksal nicht kampflos ergibt und auch nicht dem Zweifel in Form von Minderwertigkeitsgefühl und Rückzug Recht gibt.

So verfügt die narzisstische Persönlichkeit über ein reichhaltiges Repertoire an Abwehrmechanismen und -argumentationen, mit deren Hilfe sie Probleme und Infragestellungen ihrer Person unschädlich zu machen imstande ist und ihr Seelenheil wieder herzustellen vermag.

Der Zweifel ist ein Stachel, der schmerzt und eliminiert werden muss. Gepaart mit Bedeutsamkeit, erweckt er den Kampfgeist der narzisstischen Person. Es gilt, die eigene Bedeutsamkeit unter Beweis zu stellen, die Kindheit und Jugend dominiert hat.

Was genau ist unter einem erweckten Kampfgeist zu verstehen? Wir sehen die narzisstische Person im Glanz ihres Größen-Ichs, gespeist vom Gefühl der Besonderheit und Großartigkeit. Wir sehen sie aber auch im heimlichen Zweifel an der Stimmigkeit dieses Erlebens aufgrund von abwertenden Erfahrungen, Idealisierung und Nicht-gesehen-worden-Sein. Dieses Spannungsfeld befeuert den Kampfgeist der narzisstischen Person. Die Erfahrung, jemand Besonderer zu sein, hat ihr eine Stärke verliehen, die die Eliminierung des Zweifels realistisch erscheinen lässt, wenn nötig ein Leben lang. „Die Vernichtung des Zweifels" – so könnte der Titel des narzisstischen Kampfes lauten. Es ist ein Kampf, der das innere Erleben wie das für die Außenwelt ersichtliche Verhalten umfasst; und es ist ein starker, aggressiver Kampf, der der narzisstischen Person wie ihrer Umwelt Stärke und Durchsetzungskraft suggeriert.

Beginnen wir bei den Kampfmaßnahmen der inneren Wahrnehmung, die mehr unbewusst als bewusst eingesetzt werden:
Die narzisstische Person hält sich an der Erfahrung der Besonderheit fest, auch wenn diese möglicherweise aus längst vergangenen Tagen stammt und weder im gegenwärtigen Beziehungs- noch im Berufsleben anzutreffen ist. Die Erfahrung der Großartigkeit ist im Gedächtnis gleichsam eingefroren und haltbar gemacht und suggeriert seine laufende, neue Bestätigung im Hier und Jetzt.
Es kommt zu einer einseitigen Bahnung der Wahrnehmung, die auf die Ortung positiver Rückmeldungen und Erfahrungen fokussiert ist. Diese passieren ungehindert die Schranke der Wahrheitsprüfung und werden unverzüglich der Nährung des Größen-Ichs zugeführt. Der narzisstische Mensch saugt das Lob auf wie dringend benötigtes Wasser. Es zu erwidern kommt ihm nicht in den Sinn; zumal seine Wahrnehmung ihm keinen Anlass dafür aufzeigt. Kritische Anmerkungen hingegen werden sofort angehalten und blitzartig in ihrer Glaubwürdigkeit hinterfragt bzw. vielmehr von sich gewiesen. Unterstützung erfährt die narzisstische Person dabei durch die ihr innewohnende Aggression, mit deren Hilfe sie die kritische Meinung mit einem Gegenangriff unschädlich zu machen weiß.
Die Manipulation der Wahrnehmung stellt ein hervorragendes und besonders effizientes Instrument der narzisstischen Person dar. Beinhalten Aussagen einer als wichtig eingestuften Person (egal ob in beziehungs-, status- oder karrieremäßiger Hinsicht) Elemente, die Zweifel an deren uneingeschränkter Solidarität aufkommen lassen könnten, so werden diese einfach in der Erinnerung umformuliert oder gleich gestrichen. Die Aussage gab es dann gar nicht oder sie war „doch eine hundertprozentige Unterstützung!"
In gleicher, Wahrgenommenes verändernder, Weise versteht die narzisstische Person mit den Aussagen eines Gegenübers zu verfahren, dem sie kritisch gegenübersteht. Dabei kann es sich um einen möglichen oder befürchteten Konkurrenten handeln ebenso wie um einen Menschen mit komplexen, nicht einem

Schwarz-Weiß-Denken verhafteten, Einstellungen. Die Fähigkeit Gehörtes und Gesehenes in jedwede Richtung zu verändern und in eine hundertprozentige Eindeutigkeit (für mich, gegen mich) zu bringen, rettet das Selbstbild der narzisstischen Person. So wird der Konkurrenz Neid oder schlicht Bösartigkeit zugeordnet oder Unfähigkeit die Lage zu durchblicken, also Unintelligenz, unterstellt. Bei Personen mit komplexen, das heißt situativ unterschiedlichen Sichtweisen, sieht sich die narzisstische Person einer größeren Herausforderung gegenüber. Sie verunsichern die narzisstische Person zutiefst. Handelt es sich um für sie nützliche Menschen, so wird sie störende Aussagen und Verhaltensweisen aus ihrer Wahrnehmung so lange wie möglich eliminieren, um sich das Erleben einer hundertprozentigen Zustimmung bzw. Unterstützung zu sichern. Ist die opponierende Stellungnahme des Gegenübers aber nicht mehr überseh- und überhörbar – insbesondere vor anwesendem Publikum – so wird diese mit hoher Wahrscheinlichkeit zum Feind erklärt. Gegenmeinungen sind nicht duldbar, schon gar nicht Kritik! Das innerliche Versprechen: „Ich sorge dafür, dass du nie mehr hochkommst und es für den Rest deines Lebens nicht mehr wagst dich mit mir anzulegen!“, sorgt für eine erste Genugtuung. Varianten der Umsetzung kennzeichnen die Fantasie der narzisstischen Person und finden leicht den Weg von der imaginativen Ebene in die reale Umsetzung. Aber davon später.

Die Manipulation der Wahrnehmung lässt die Welt so erscheinen wie der narzisstische Mensch sie für sich braucht. Mit einer Brille, die ihm seine Großartigkeit und sein immerwährendes Recht-Haben vortäuscht, schafft er sich den Zweifel vom Hals – den gegenwärtigen, den er erst gar nicht aufkommen lässt ebenso wie den alten – oberflächlich zumindest.

Einhergehend mit der zurechtgeschneiderten Wahrnehmung ist eine Verminderung (Drosselung) der Emotion zu beobachten. Die im Kopf „gemachte“ emotionale Wahrnehmung bezieht ihre Information aus bereits etablierten und mit alten Affekten aufgeladenen Vorstellungen und Schablonen. Eine offene Wahrnehmung mit allen Sinnen, im Zuge derer sich das dazugehörige mit der Person verbundene Gefühl einstellt und zur Einschätzung der Bedeutsamkeit der Situation verhelfen kann, ist verloren gegangen. Maaz beschreibt die Pseudogefühlswelt narzisstischer Menschen in fokussierter Weise: „Zum Narzissmus gehört die Fassade der Coolness und Souveränität, deshalb werden Gefühle in aller Regel verachtet. Ist ein Narzisst hingegen wieder imstande zu weinen, ist das ein Zeichen beginnender Genesung, soweit das überhaupt möglich ist und von der Umwelt zugelassen wird. Zum Narzissmus gehören aber auch die falschen, die hysterischen Gefühle, die dazu führen, dass ein „Gefühlsmacher" gar nicht verstehen kann, was mit „fühlen" gemeint ist, denn er wähnt sich ja als ein gefühlsbetonter Mensch. Er sucht „fun", „geile" Erlebnisse, grölende Begeisterung, lacht zu laut und an falscher Stelle, weint – wenn überhaupt – vorwurfsvoll und selbstmitleidig, ärgert sich überzogen und erlebt „Glück" in Äußerlichkeiten. Beobachter solcher „Gefühlszustände" fühlen sich verschreckt bis angewidert, auch geängstigt – anders als bei einem echten Gefühlsausdruck, der ergreift, berührt und mitschwingen lässt. Deshalb werten gefühlsblockierte Menschen echte Gefühle anderer gerne ab, um nicht das eigene Unterdrückte und Aufgestaute per „Ansteckung" in Bewegung kommen zu lassen. Solange die Abwehr steht und kein Zugang zu echten Gefühlen zugelassen wird, bleibt absolut unverstanden, was eigentlich gemeint ist. Gefühlsverleugnung, Gefühlsabwehr, Gefühlsabwertung und falsche Gefühle untermauern die narzisstische Störung" (Maaz 2012: 180). Obwohl der narzisstische Mensch damit tiefe Empfindungen wie das Erleben von Freude und Zufriedenheit aufgibt, ist der Vorgang ganz in seinem Sinn, denn er hat damit auch Schmerz und Trauer erfolgreich aus seinem Leben verbannt.

Anders verhält es sich mit spontan hochschießenden, aufwallenden oder nagenden und zerfressenden Affekten. Neid, Eifersucht, Missgunst, Rachsucht – sie sind ständige Begleiter des narzisstischen Menschen. So wenig erstrebenswert sie auf den ersten Blick anmuten mögen, so wertvolle Dienste leisten sie ihm im Kampf um seine Selbstbehauptung. Sie mobilisieren den narzisstischen Menschen für sein Recht einzutre-

ten, gebührend respektiert zu werden, die Bedeutung zu erhalten, die ihm zusteht, und für seine Leistungen die entsprechende Wertschätzung entgegengebracht zu bekommen. Neid und Eifersucht eines narzisstischen Menschen können andere das Fürchten lehren und ihn einer Zerstörungskraft bemächtigen, mit deren Hilfe er sich das Gefühl von Gerechtigkeit und Genugtuung verschaffen kann. Ihr wertvollster Effekt für die narzisstische Person besteht aber in der Bannung des Erlebens, das hinter Neid und Eifersucht liegt: das Gefühl im Leben zu kurz zu kommen oder zu kurz gekommen zu sein; in seinem Wert nicht gesehen und (vermeintlich) ins Abseits geschoben worden zu sein. Diesem Erleben liegt eine noch tiefere Verletzung zugrunde: das Erleben der Wertschätzung durch andere nicht wert zu sein. Damit sind wir am tiefsten Leid des narzisstischen Menschen angekommen, für dessen Eliminierung er alles zu tun bereit ist, auch die Verbannung seiner Gefühlswelt zugunsten rettender, rächender, ihn in die scheinbare Überlegenheit katapultierender Affekte.
Mit Hilfe von Wahrnehmungsverzerrungen und Umdeutungen sowie einer voranschreitenden Etablierung der typischen Affekte des Zu-kurz-gekommen-Seins, entwickelt sich die narzisstische Person zur Meisterin der Schutz- und Kampfstrategien, die die Behauptung des großen Egos sicherstellen. Eine der wichtigsten lautet:

- *Die Schuld liegt niemals bei mir, die Schuld haben immer die anderen*

  Weshalb haben wir es hier mit einer wichtigen erfolgreichen Kampfmaßnahme zu tun? Aus der Erfahrung der Besonderheit heraus hat die narzisstische Person ein Größen-Ich aufgebaut, das jedoch aufgrund seiner Fragilität durch die ebenfalls erfahrene Abwertung keinerlei Infragestellung gewachsen ist. Kernberg (2019) spricht von intensiven verinnerlichten Objektbeziehungen[3], von bedrohlichem Charakter bei gleich-

[3] Die Existenzanalyse würde hier von Beziehungen sprechen, da der andere nicht als „Objekt", sondern als Gegenüber, als „Du" gesehen wird, wie Buber (2008) in seinem berühmten Zitat „Der Mensch wird am Du zum Ich." schreibt.

zeitigem Unvermögen sich auf gute verinnerlichte Objekte zu verlassen.

Vergleichbar einem Ballon, der durch den kleinsten Nadelstich zum Platzen gebracht werden kann, fürchtet die narzisstische Person, dass der kleinste Fehler, die kleinste Schuld ihren ge-samten Wert zerstören würde. Wichtig erscheint an dieser Stelle, dass kaum zwischen tatsächlicher Schuld und Schuldgefühlen unterschieden wird.[4] Sobald die narzisstische Person in einer Aussage eine Anschuldigung erahnt – und das tut sie sehr schnell – wird ihr Kampfgeist aktiv und eine solche von sich gewiesen. Die Unterscheidung zwischen einer tatsächlichen Schuld und lediglich einem Involviertsein oder Verursacher sein ist ihr nicht zugänglich und damit auch nicht entlastend. Im Abwenden einer möglichen Schuld oder der Befürchtung Verursacherin von Negativem, Ungewolltem zu sein, stehen der narzisstischen Person zahlreiche Abwehrstrategien zur Verfügung.

Im Folgenden sollen einige genannt und durch Beispiele aus unseren drei Familien illustriert werden. So hält sie sich, wenn es ihr um den Beweis ihres korrekten Handelns geht, nicht an die

- *Chronologie von Ereignissen*

  Sie setzt in der Darstellung eines Konflikts nicht am Beginn an, sondern dort, wo sie sich als Opfer der Situation präsentieren kann.

  Stefan war als Kind Meister darin, weinend zu den Erwachsenen zu laufen und zu beklagen, dass ihn ein Spielkamerad geschlagen habe. Was er regelmäßig wegließ, war der Anfang der Auseinandersetzung, nämlich dass er dem anderen zuvor ein

[4] Schuld bedeutet etwas wissentlich oder ahnend gesagt, getan oder in Kauf genommen zu haben, von dem man wusste, dass es nicht richtig ist. Schuldgefühle können zwar das begleitende Gefühl einer Schuld sein, entstehen aber häufiger aufgrund biografischer Erfahrungen und entbehren einer realen Schuld.

Bein gestellt oder ihn an den Haaren zu Boden gezerrt hatte. Noch bevor das eigentliche Opfer seine Sicht einbringen konnte, war dieses schon zum Schweigen verdammt, indem es des Raums verwiesen wurde und Stefan wegen seines Schmerzes getröstet wurde.

Eine sehr ähnliche Vorgangsweise für die Verlagerung der Schuld auf eine andere Person hin, besteht in der

- *Herausnahme von Teilstücken aus dem Gesamtgeschehen.*
  Thomas hat den Kontakt zu seiner Schwester Mia abgebrochen, denn sie sei schuld daran, dass sie allein das Haus der Eltern geerbt habe. Er fokussiert auf diesen Teilaspekt und lässt andere Aspekte unerwähnt: Mia hatte sich verpflichtet, die Eltern bis zu deren Tod zu pflegen und das Haus nach deren Tod nicht zu verkaufen. Zudem hatten Thomas und die übrigen Geschwister einen ansehnlichen, wenn auch nicht ganz dem zustehenden Erbteil entsprechenden Geldbetrag erhalten.

  Als Lisa bei einer innerbetrieblichen Bewerbung um eine höhere Position ihrem Mitbewerber, Richard, vorgezogen wird, verlegt dieser seine Energie darauf Lisas „Weibchenverhalten", mit dem sie die Chefs um den Finger gewickelt habe und das er in allen Farben zu schildern weiß, als Grund für ihre Beförderung in den Fokus zu rücken. „Da kann unsereins halt nicht mithalten!"– Gelächter. Es sind gleich mehrere Aspekte, die Richard gekonnt unter den Tisch kehrt: Im Unterschied zu Lisa hatte sich Richard nur mäßig auf das Hearing vorbereitet. Er meinte, er habe Erfahrung genug, um aus dem Stegreif performen zu können. So überraschte ihn manche Frage und seine Antworten gerieten zum Gerede. Zu allem Übel war er fünf Minuten zu spät gekommen. Dass er sich den Misserfolg eigentlich selbst zuzuschreiben hatte, konnte Richard nicht zulassen. So lag für ihn und befreundeten Kollegen, die er auf seine Seite ziehen konnte, die Schuld bei Lisas Geschlecht und ihrem guten Aussehen.

Eine Strategie, die im Gegenüber ein irritiertes Gefühl auslöst und wenig Möglichkeit zur Entgegnung bietet, nennt sich:

- *Dem andern eine böse Absicht unterstellen*

  Jenny hat Mütze und Schal bei den Großeltern vergessen und will von ihrer Mutter Sylvia wissen, wann der nächste Besuch anstehen würde. Sylvia antwortet wahrheitsgemäß, dass ein solcher noch nicht festgelegt sei. Darauf Jenny: „Aha, du willst es mir mal wieder nicht sagen. Dir ist egal, ob ich Grippe bekomme." Und schon hat sie der Mutter eine zweifache Verfehlung unterschoben, die diese aus Harmoniestreben einerseits und Sorge um die Gesundheit der Tochter schwer aushalten kann: sie nicht in Bezug auf Planungen einzubeziehen und bezüglich ihres gesundheitlichen Wohls nachlässig zu handeln.

Und noch ein Vorgehen, das im Gegenüber, soweit es davon Kenntnis bekommt, ein flaues, diffuses Gefühl hinterlässt, wie ein Pfeil, der langsam sein Gift in der Psyche verströmt:

- *Ein unrealistischer Anspruch, der als Selbstverständlichkeit ausgegeben wird und die Eigenverantwortung vergessen lässt*

  Stefan kann uns wieder als Beispiel hilfreich sein. Er interessiert sich für Mathematik in keinster Weise, erledigt seine Hausaufgaben nicht und zeigt keine Bereitschaft, sich der Übungen des Nachhilfelehrers anzunehmen. Seine Aussage nach dem dritten „Nicht Genügend": „Wenn der Nachhilfelehrer nur zwei Stunden in der Woche für mich erübrigen kann – wahrscheinlich muss er mit seiner Freundin rummachen – dann kann wohl niemand von mir ein positives Ergebnis erwarten!"

Die genannten Varianten zur Verschiebung der Schuld sind der narzisstischen Person im alltäglichen Handeln nicht als Strategien zum Schutz ihres Selbstverständnisses bewusst. Sie setzt sie unbewusst, intuitiv und zielsicher ein. Unter günstigen Bedingungen, vielleicht einer (neuen) liebevollen Beziehung oder in einer Therapie – in denen sich die narzisstische Person geschätzt weiß, besteht eine Chance, dass Schutzmechanismen besprechbar – und veränderbar werden.

- *Projektion*
  Bei der Projektion haben wir es hingegen mit einem so starken Schutzmechanismus in Form einer Wahrnehmungsverdrehung zu tun, dass er der narzisstischen Person gänzlich unzugänglich und schwer bearbeitbar ist. Dabei wird ein Denken, Fühlen oder Handeln, das aufgrund seiner Unvereinbarkeit mit dem Selbstbild einen inneren Konflikt auslöst, auf andere projiziert und am anderen kritisiert.

  Thomas neigt im Privatleben dazu, Dinge – Kleidung, Rechnungen, Dokumente – an unterschiedlichen, wechselnden Orten zu deponieren, liegen und zu Stapeln werden zu lassen. Flattert dann eine Mahnung ins Haus oder das Taxi zum Flughafen wartet vor der Tür, während der Reisepass nicht auffindbar ist, so stürmt Thomas polternd durch die Zimmer und beschuldigt Sylvia, wieder einmal alles verräumt zu haben. „Ein einziges Chaos wie du diesen Haushalt führst!"

Schuld an oder auch nur Verursacher eines Fehlers zu sein, stellt hier für die narzisstische Person eine solche Gefahr dar, dass diese nicht in ihr Selbstbild integrierbar sind und ihr nur Wahrnehmungs-verzerrungen einen Ausweg bieten.

Kommunikation im Dienste des Selbstschutzes

Einen ebensolchen Ausweg bietet das Erlernen einer Kommunikation, die dazu geeignet ist, zu nahe kommende und damit der narzisstischen Person bedrohliche Menschen, auf Distanz zu halten.
Beginnen wir bei Ton und Tonmelodie: Die nerzisstische Persönlichkeit vermag sich lautstark Gehör zu verschaffen. Aber sie ist

auch Meisterin darin durch Monotonie ihrer Stimme Desinteresse zu signalisieren und andere zu verunsichern. Bald fragt sich das Gegenüber: „Bin ich lästig? Uninteressant? Ist es Blödsinn, was ich sage?“ Verstärkend dazu moduliert die narzisstische Person ihre Lautstärke ganz nach unten. Kaum hörbar gibt sie ihre Statements von sich, so dass jede(r) Gesprächspartner(in) die Ohren spitzen muss, um etwas zu vernehmen. – Die uneingeschränkte Aufmerksamkeit ist der narzisstischen Person dadurch gewiss. Gleichzeitig unterstützt die fast geflüsterte Sprechweise jederzeit die Behauptung etwas niemals gesagt zu haben. Der andere müsse sich verhört haben oder das vermeintlich Gehörte entspringe seiner Fantasie.

Eine spezielle Waffe des leisen Tonfalls ist im Streitgespräch zu beobachten: Da, wo Meinungen aufeinanderprallen, das Gegenüber sich aufzuregen beginnt und laut wird, demonstriert die narzisstische Person mit gleichbleibender monotoner Stimme Souveränität und Nicht-Verstehen, wie ihr Gegenüber denn so sehr die Fasson verlieren könne. Die Aufregung, die sie im Gegenüber provoziert, das um ein Verstandenwerden kämpft, benützt sie mit kühlem Kalkül, um diesem eine Unreife zu unterstellen, einen erwachsenen Diskurs führen zu können. Ebenso perfide wie erfolgreich: die Provokation und Missachtung so weit zu erhöhen, „um eine Reaktion zu erreichen, die man ihm anschließend vorwerfen kann. Besteht die Reaktion zum Beispiel in Zorn, so richtet man es so ein, dass dieses aggressive Verhalten von allen bemerkt wird“ (Hirigoyen 2018: 149). Unversehens steht das Opfer als von anderen geächteter Aggressor da.

Eine ähnliche Kommunikationsform der demonstrativen Souveränität, die bereits im Alltag und nicht erst im Konflikt Anwendung findet, ist die des Nicht-Reagierens. Eine Erzählung wird ohne jedes Wort „beantwortet“, auf eine Frage höchstens mit den Schultern gezuckt. Die narzisstische Person tut, als ob sie das Gesagte nichts angehe oder sein Inhalt schlichtweg zu minder sei, um ihr Interesse zu wecken – eine wunderbare Form, Gesprächsbeteiligte zu verunsichern und zur Erkenntnis zu bringen, uninteressant und unwert zu sein. Eine besondere Finte die-

ser Gesprächsform: Die so unbeteiligt wirkende narzisstische Person hört in Wahrheit jedes Wort und benützt Einzelheiten, mit denen sich ihr(e) Gesprächspartner(in) angreifbar gemacht hat, bei nächster Gelegenheit als Keulenschlag gegen das scheinbar so uninteressante Gegenüber.
Womit wir bei der aggressiven Komponente narzisstischer Kommunikation angelangt wären.
Marie-France Hirigoyen, Soziologin und Familientherapeutin, beschreibt Kommunikationsformen, die das Gegenüber mit unterschwelliger oder offensiver Aggression „Schachmatt" setzen, ohne sich wehren zu können, in bestechender Weise. Demnach besteht eine häufig angewandte Strategie darin, die andere Person der Lüge zu bezichtigen. Die einfachste Form: „Das habe ich nie gesagt! Wie kannst Du mir so etwas unterstellen?" Oder: „Du verdrehst ständig, was ich sage. Hörst Du denn nicht zu?" Für den Typus der Wahrheitsverkehrung, der der Verwirrung des Gegenübers dient, gibt Hirigoyen folgendes Beispiel: „Zu einer Frau, die ihre Zweifel an der Treue ihres Mannes äußert: „Um so etwas zu sagen, mußt Du Dir selbst etwas vorzuwerfen haben!" (Hirigoyen 2018: 127). Mit Hilfe einer ständigen Verkehrung der Tatsachen geht die narzisstische Person aus jeder Diskussion als Siegerin hervor, ihr Opfer in Verwirrung über Wahrheit und Lüge zurücklassend.
Ebenso meisterhaft beherrscht es die narzisstische Person, Menschen um sie herum, ihre Meinungen und Handlungsweisen mit Sarkasmus, Zynismus und Verachtung zu kommentieren. Während sich Sarkasmus noch einer gewissen humorigen Note bedient, dienen Zynismus und Verachtung der Zerstörung der Würde der anderen Person.
Ähnlich zerstörerisches Potential birgt die paradoxe Kommunikation in sich. Ein auf verbaler Ebene ausgedrückter Inhalt widerspricht dem nonverbalen Ausdruck, der Negatives, Abwertendes signalisiert, von der narzisstischen Person aber – weil nicht gesagt – in Abrede gestellt wird. Versucht sich das Gegenüber zu wehren, über seine Wahrnehmung zu sprechen, wird ihm unterstellt wahnhaft oder deftiger ausgedrückt „nicht ganz dicht im Kopf" zu sein. Die narzisstische Person kann sich in Missachtung erge-

hen, ohne sich einem konfrontierenden, Stellungnahme erfordernden Diskurs stellen zu müssen. Bestehen derartige Kommunikationsweisen über einen längeren Zeitraum hinweg, so sind sie imstande beim Opfer gravierenden Schaden zu hinterlassen und ihm seinen Selbstwert zu rauben. Ein besonders eindrückliches Beispiel dafür wird im Film „Das Haus der Lady Alquist" (1944) mit Ingrid Bergmann in der Hauptrolle, dargestellt, dem das Theaterstück „Gas Light" von Patrick Hamilton von 1940 als Vorlage diente. Darin wird ein Ehemann dargestellt, der durch zynische, die Wahrnehmung seiner Frau pathologisierende Aussagen sukzessive deren Selbstachtung zerstört und sie beinahe tatsächlich um den Verstand bringt.
So gut wie immer vermag die narzisstische Person ihr Opfer zu destabilisieren und oftmals auch Angehörige oder ein beiwohnendes Publikum auf ihre Seite zu ziehen. Nicht selten gelingt es ihr diese zum Mitagieren und Destabilisieren ihres ins Visier genommenen Kontrahenten anzustiften. Solcherart gemeinschaftlich zelebrierte zerstörerische Kommunikationsmechanismen umfassen:

- „sich über seine Überzeugungen, seine politischen Meinungen, seine Vorlieben lustig zu machen
- das Wort nicht mehr an ihn zu richten
- ihn in der Öffentlichkeit lächerlich zu machen
- ihn vor den anderen anzuschwärzen
- ihn aller Möglichkeiten zu berauben, sich zu äußern
- sich lustig zu machen über seine Schwachstellen
- abfällige Andeutungen zu machen, ohne sie je zu erklären
- seine Urteils- und Entscheidungsfähigkeit in Zweifel zu ziehen" (Hirigoyen 2018: 132).

Aggressive Verhaltensweisen im Dienste des Selbstschutzes

Reichen die Schutzstrategien der Wahrnehmungsverzerrung mit den typischerweise einhergehenden Affekten sowie einer distanzschaffenden Kommunikation nicht aus, um das Selbstbild aufrechtzuerhalten, so schreitet die narzisstische Person zu drastischen Maßnahmen, womit wir bei den, auch vom Umfeld schmerzlich wahrgenommenen, Strategien der Selbstbehauptung angelangt sind. Sie sind von Härte gekennzeichnet und reichen von Ignoranz über Abwertung bis hin zur Vernichtung(sabsicht) – je nach Bedrohungsgrad durch das Gegenüber.

- Beziehungsabbruch
  Für ängstlich oder depressiv veranlagte Persönlichkeiten eine undenkbare Vorgangsweise, gehört der Beziehungsabbruch bei narzisstischen Menschen eher zur harmloseren Form zur Wiederherstellung der psychischen Unversehrtheit; harmloser deshalb, weil nur sie selbst und die als Aggressor erlebte Person darin involviert sind. Der Beziehungsabbruch ermöglicht, die „feindliche" Person und die Bedrängnis durch ihr bedrohliches Verhalten aus Gefühls- und Gedankenwelt zu eliminieren; gemäß dem Leitsatz „aus den Augen, aus dem Sinn". Er / Sie war es nicht wert, Zeit und Aufmerksamkeit an ihn / sie zu verschwenden. Die so beurteilte Person weiß oft nicht wie ihr geschieht. Plötzlich erreicht sie die eben noch befreundete Person telefonisch nicht mehr, sieht sich mit der lapidaren Nachricht konfrontiert, dass derzeit einfach alles so dicht sei, oder sie findet sich „geblockt" wieder, was jede Möglichkeit der Kontaktaufnahme verwehrt und sich derzeit großer Beliebtheit erfreut.
- Wutausbrüche
  Aber die narzisstische Person weiß: Nicht immer erfüllt Kontaktabbruch seinen Zweck; so zum Beispiel wenn das Gegenüber von unverzichtbarem Nutzen erscheint. In diesem Fall verfügt sie über einen guten und vielfältigen Zugang zur Aggression. Diese kann sich direkt und heftig entladen, insbesondere in Situationen, in denen sich die narzisstische Person unvermutet mit einer Infragestellung ihres Denkens und Handelns konfrontiert sieht. „Die narzisstische Kränkung wandelt sich schnell zum Haß, womit das innerlich empfundene Vernichtungsgefühl nach außen gerät" (Tutsch 2002: 29). Mit einer geballten Ladung aus Wut, Lautwerden

und Abwertung katapultiert sie die Infragestellung aus der Bedrohlichkeitszone. Nach mehrmaligem Erleben dieser von Kälte und Härte gekennzeichneten Aggression neigen Familie, befreundete Menschen und Kollegenkreis zur Vorsicht und Zurücknahme, womit die narzisstische Person ihre Unantastbarkeit verankert und sicherstellt.

- Rache

  Darüber hinaus ist der narzisstischen Person eine besonders bedrohliche und einschüchternde Form der Aggression als Antwort auf Kritiker, Gegner oder auch nur Widersprechende zu eigen. Kohut (2018) nennt sie die narzisstische Wut, deren Kennzeichen in einem ausgeprägten Rachedurst besteht. Die „geradezu krankhafte Kränkbarkeit" (Haller 2019: 82) fordert Genugtuung, Rache, die Kapitulation des Gegners, um wieder in einen halbwegs beruhigten Zustand zurückfinden zu können.

- Intrige

  Bei Kränkungen, die im jähen Wutausbruch nicht zu ausreichender Genugtuung und Entlastung führen, wandelt sich die Aggression der narzisstischen Person zur wohlüberlegten Bestrafungs- oder, wenn nötig, Vernichtungsaktion. Beste Dienste leistet hier die Intrige. Narzisstische Menschen erweisen sich als Meister der Intrige. Mit äußerst sensiblen Antennen nehmen sie Schwächen, Unzulänglichkeiten oder Fehltritte anderer wahr und wissen diese im geeigneten Moment zu nützen. Der seelische Schmerz, der wirtschaftliche oder ansehensmäßige Schaden ihres Opfers berührt sie nicht. Im Gegenteil: In der Befriedigung ihres Rachegefühls finden sie – vermeintlich – für einen Moment Seelenfrieden.

- Mobbing

  Auch für den Umgang mit Gruppen hat sich die narzisstische Person von früh an gewappnet. Schon bei der ersten Tuchfühlung erfolgt ein Check, wer als Freund und wer als Feind einzustufen ist. Schnell macht sie sich zur Gruppenleitung und schart die als Freunde Identifizierten um sich. Dazu zählen in der Regel Menschen, die sie als gleichgesinnt erlebt, die ihre Meinung teilen, ihr dadurch ungefährlich erscheinen und ihr den Rücken gegenüber etwaigen Widersachern stärken. Van der Does und van Straaten beschreiben den narzisstischen Menschen treffend als jemanden, „der es verstanden hat, sich in eine Position zu manövrieren, in der er das Sagen hat und hauptsächlich von Ja-Sagern umgeben ist" (van der Does und van Straaten 2004: 13).

Tritt ein(e) Konkurrent(in) oder ein(e) nicht notorische(r) Ja-Sager(in) auf den Plan, stehen die Verbündeten als verlängerter Arm der narzisstischen Person bereit. Die Machtdemonstration reicht von einem Mauern und Ausschließen im Sinn von „Wir sind einer Meinung, wir sind stark, du gehörst nicht dazu! Dagegen hast du keine Chance!", bis hin zur Drohung „Wenn du nicht das Feld räumst, wirst du es bitter bereuen…!"

Haller (2013) nennt Mobbing die Paradedisziplin des Narzissten. Unter dem Schutz der narzisstischen Person und ihrer Anleitung läuft die Gefolgschaft in Sachen „Mobbing" zur Höchstform auf. Wie uns die Erfahrung zeigt, eine höchst erfolgreiche Form, Menschen, die als Konkurrenz gefährlich werden könnten, „Schachmatt" zu setzen. Fast immer kommt es zum Rückzug der gemobbten Person.

Jenny stellt schon in der Schule ihr Talent für Mobbing unter Beweis: Selbstverständlich gehört sie zu den Leaderinnen in der Klasse und selbstverständlich fühlt sich so manches Mädchen geschmeichelt von Jenny „Freundin" genannt zu werden; und ebenso selbstverständlich zollen die Mädchen dafür ihren Tribut, indem sie Jenny jeden Liebesdienst erweisen.

Jennys erstes Opfer ist Valerie – auch sie aus einem Elternhaus, das viel auf sich hält, in diesem Fall auf die Tradition und die Kultiviertheit einer adeligen Familie.

Jennys Freundinnen wissen, was sie ihrer Anführerin schuldig sind; nicht lange und die befürchtete Konkurrentin Valerie findet sich iso-

liert in der Klasse vor. Mädchen, die eben noch mit ihr befreundet gewesen sind, kehren ihr den Rücken. Andere, mit besonders ausgeprägtem Ehrgeiz, Jenny zu gefallen, entfalten ihren gesamten Einfallsreichtum in Demütigung und Isolierung ihres Opfers. Schon beim Betreten der Schule hebt das Gelächter über den angeblich unmodischen Look an, nachmittags, als Valerie sich an ihre Hausaufgaben macht, findet sie Hefte und Bücher mit Kaugummi verklebt vor. Plötzlich will niemand neben Valerie sitzen, der hilflose Klassenvorstand weist Valerie einen Einzelplatz zu. Jenny scheint bei alldem ganz unbeteiligt, sie steht da und beobachtet mit verschränkten Armen, schweigend, lächelnd, die Szenerie. Im Gymnasium wiederholt sich das Geschehen und von da an entwickelt sich die Strategie zu Jennys sicherem Begleiter in ihren Beziehungen mit anderen Menschen.

Demonstrative Souveränität im Dienste des Selbstschutzes

Aggression, Intrige und Mobbing stellen die nach außen sichtbaren, schlagkräftigen Kampfmaßnahmen der narzisstischen Person dar, sobald sie ihr Selbstverständnis in Gefahr sieht bzw. eine Verletzung der Kindheit getriggert wird. Ihre noch fundamentalere, oftmals unsichtbare Sicherung für Ansehen und Selbstbild besteht im dicken, unüberwindlichen Schutzwall, den sie zwischen sich und anderen aufgebaut hat. Sie mag offen, extravertiert, jederzeit bereit zur Begegnung mit anderen erscheinen (wie in den ersten Kapiteln des Buches dargestellt), in Wahrheit ist niemandem der Blick hinter die Mauer auf ihren Selbstzweifel erlaubt. „Die undurchdringlichen Mauern, welche Narzissten um sich errichten, stoßen uns ab und locken uns gleichzeitig an. Das sich zwischen Narzisst und Umwelt entwickelnde Fluidum, schwer zu beschreiben und noch schwerer zu erfassen, hebt den Narzissten noch stärker aus dem Gewöhnlichen heraus. Der Glanz, den der Narzisst produziert, strahlt auch auf sein Umfeld" (Haller 2013: 24).

Die Aggression der narzisstischen Person wird gefürchtet. Aber in der Hitze und Heftigkeit wird sie zumindest im Kampf um ihr Eigenes spürbar. Die uneinsehbare, undurchdringliche Schutzpanzerung hingegen suggeriert eine Souveränität und Festigkeit, die den Kampf nicht nötig hat. In Wahrheit verlangt die zur Schau gestellte Souveränität der narzisstischen Person viel ab und ist hier deshalb unter die Kampfmaßnahmen gereiht. Unentwegt ist sie damit beschäftigt, andere nicht nahekommen zu lassen, keine Situation zu riskieren, in der andere sie so wie sie ist, unsicher und verletzlich, wahrnehmen könnten. Zu groß ist für die narzisstische Person mit ihrem verletzten, zweifelnden Ich die Gefahr abgewertet und verlassen zu werden. Schon Reich (1970) stellte fest, dass hinter härtevermittelnden scharfen Zügen, bei genauem Hinsehen, etwas Weiches, Kindliches hinter der Oberfläche zu erahnen ist.

So verwehrt die narzisstische Person ihrem Gegenüber die Begegnung mit ihr, ihren Gefühlen, ihrem Erleben und ihrer Verletzlichkeit. Gerade nahe Bezugspersonen bleiben unbeantwortet, leer, manchmal verzweifelt zurück. Aber nicht nur diese leiden unter der Distanziertheit und Unzugänglichkeit der narzisstischen Person. Die eigentlichen Leidtragenden sind die narzisstischen Menschen selbst. Die bewegende Erfahrung einer anderen Person zu begegnen, tiefe Nähe zu ihr zu empfinden, bleibt der narzisstischen Person versagt, wenngleich ihr das häufig nicht bewusst ist. Stattdessen findet sie Zuflucht im Streben nach Mächtigkeit, gekennzeichnet durch scheinbare Stärke, Unantastbarkeit und Autonomie.

- Stärke

  Durch Stärke, so meint die narzisstische Person, ist sie jeder Herausforderung gewachsen. In jeder Situation gibt sie sich den Anschein über den Dingen zu stehen, Angst nicht zu kennen, und voll des Mutes, die Welt für sich erobern zu können.

  Stefan, unser Fleischfabrikserbe, vereinigt diese Aspekte von Jugend an in sich. Er beeindruckt Schulkameraden und Freunde mit seinem scheinbar unverwüstlichen Selbstbewusstsein und seinem draufgängerischen Mut. Als junger Erwachsener verbucht er allein aufgrund seiner unbestechlich überzeugenden Ausstrahlung so manchen Erfolg bei Frauen und Lehrern. Bewundernd betrachtet von seinen Anhängern, neidisch kommentiert von Konkurrenten.

Je mehr Gelegenheiten Macht- und Geltungsbedürfnisse auszuagieren, eine narzisstische Person hat, umso schlechter ihre Prognose. „Verfügt ein Patient zum Beispiel über reichlich Gelegenheiten, Macht- und Geltungsbedürfnisse auszuagieren, so beeinträchtigt das die Prognose erheblich. Denn er hat womöglich in seinem Beruf und seinen sozialen Beziehungen bereits eine derartige Machtposition erreicht, daß ihm seine Haltung als „völlig normal" erscheint und es von daher außerordentlich schwierig ist, diese Form „chronischen Agierens" analytisch überhaupt noch in Frage zu stellen" (Kernberg 2019: 293).

- Unantastbarkeit

  Die Demonstration von Stärke, gepaart mit der Überzeugung von Fehlerlosigkeit, umgibt die narzisstische Person mit dem Nimbus der Unantastbarkeit. Einen besonderen Rang nimmt hierbei die Zurschaustellung eines makellosen Körpers und tadellosen Aussehens ein. Mit Hilfe eines perfekten Auftretens prallen Angriffe, äußerlich gesehen, an ihr ab. Schwäche in Form von Trauer und Tränen ist ihr fremd. Dass dieses Erleben nicht ihrer Authentizität entspringt, sondern der Maskierung ihrer Verletztheit dient, ist ihr zumeist nicht bewusst. Die Schutzpanzerung ist zur zweiten Haut geworden.

  Zusätzliche Absicherung der Unantastbarkeit erreicht die narzisstische Person durch ihre kritische Sichtweise anderer Menschen. Mit Leidenschaft streicht sie Fehler und Schwächen anderer hervor. Die Botschaft darin für sich und andere: „Niemand kann mir das Wasser reichen!" So vermag sie die eigene Großartigkeit zu unterstreichen, um sich von jedem Umfeld, privatem wie beruflichem, leuchtend abzusetzen. Doch eine Persönlichkeit, die nur das Großartige zulässt und alles Gewöhnliche, Normale, eliminieren muss, lebt aus einer fragilen Teil-Identität, die minimalste Verunsicherungen abwehren muss (Tutsch 2002).

- Unabhängigkeit

Und schließlich bezieht die narzisstische Person ihr Gefühl von Mächtigkeit aus ihrer vermeintlichen Unabhängigkeit von anderen Menschen. Fußend in Kindheit und Jugend hat sich dieser Mensch zurückgezogen „in eine splendid isolation, in eine überlegene Isolation, nach dem Motto: ‚Ich benötige niemanden, ich bin viel besser als die Person, von der ich Liebe zu erwarten hätte, ich bin selbst mein Ideal.' Was die Ablehnung verursacht hat, wird entwertet oder zerstört: ‚Ich hasse dich dafür, dass du mir nicht gibst, was mir zusteht, aber ich zeige dir meine Bedürftigkeit nicht.'" (Röhr 2009: 32).

Die Sonderstellung der Überlegenheit bedingt eine Alleinstellung, mit deren Hilfe sie sich des Miteinanders und Füreinanders enthebt. „Ich brauche niemanden! Weder die Zustimmung noch die Anwesenheit der anderen!" Mit dieser Überzeugung wähnt sich die narzisstische Person in absoluter Autonomie. *„Ich bin ein einsamer Wolf!", pflegt Robert, Stefans Vater, zu sagen, wenn er sich mit seinen Entscheidungen gegen das gesamte Umfeld stellt.*

Aufgrund ihrer stark ausgeprägten Schutzmechanismen scheint die narzisstische Person kein Leid zu verspüren, wenn andere gehen und sie zurückbleibt. Im Gegenteil, sie weiß den Verlust ins Gegenteil zu kehren und brüstet sich: „An der Spitze ist die Luft sehr dünn!"

Allerdings handelt es sich bei dieser zur Schau gestellten Souveränität lediglich um eine Kampfmaßnahme, die sie vor Verletzung und Schutz bewahren soll. „Hinter einem nach außen sehr auf Unabhängigkeit bedachten Menschen versteckt sich jemand, der sehr abhängig ist; er ist pseudoautonom – scheinunabhängig. Sein Leben ist in wesentlichen Bereichen unecht, und man könnte auch von einem *Pseudoleben* sprechen" (Röhr 2009: 89).

Amelia veranschaulicht uns diese Haltung eindrucksvoll: Als sie 16 ist, klug, kultiviert und attraktiv, suchen andere – Mädchen wie junge Männer – ihre Nähe. Doch zu sehr waltet die Angst in ihr, sich auf Menschen einzulassen. So kommt es, dass kein junger Mann gut genug für sie ist und Freundinnen entweder auf sichere Distanz gehalten oder nach kurzer Zeit ausgetauscht werden. Amelia gibt sich stark, unantastbar und autonom – aber tief in ihrem Herzen sehnt sie sich nach Nähe.

Werteersatz als Selbstschutz

Die fehlende Nähe zu anderen, das Fehlen von Beziehung braucht Ersatz. So wendet sich die narzisstische Person doch wieder nach außen, wo sie jedoch nicht Begegnung mit anderen erfahren wird. Dafür müsste sie sich anderen in einer verletzbaren Offenheit zuwenden. Sie wendet sich nach außen, um Bestätigung zu erfahren, Bestätigung, mit der sie ihr Größen-Ich, das sie mit Selbstwert verwechselt, nähren kann. Anderes ist ihr nicht zugänglich. Ihr Umfeld antwortet mit Bewunderung, scheinbarer Zustimmung bis Unterwerfung.

In der Art ihrer Bestätigungssuche unterscheidet sie sich wesentlich von der Vorgehensweise histrionischer Menschen. Während diese ihre Antennen ausstrecken und sich an angesagte Lebensweisen anpassen und neue Meinungen und Modeströmungen übernehmen, als ob es die eigenen wären, um Anerkennung zu finden, bestehen narzisstische Menschen darauf, von Strömungen unabhängig zu sein. Sie schielen nicht wie histrionische Menschen zur Seite, um sich der Zustimmung zu versichern, sondern verfolgen ihre Ziele ohne Blick auf andere, denn jeder intelligente Mensch könne nicht umhin, ihre Vorhaben als beeindruckend zu erleben. Kurz gesagt: Narzisstische Personen folgen nicht, sie geben vor.

- Statussymbole
  Erstaunlicherweise finden wir narzisstische Menschen dennoch umgeben von Statussymbolen wieder – Geld, Häuser, Autos, Erfolg – alles, was am Beginn des Buchs als erstrebenswert gehandelt wurde. Die Erklärung finden wir in der Differenzierung von „Anschein“ und „Tatsache“.

  Narzisstische Menschen geben sich den Anschein der Un-

abhängigkeit – manche von Menschen, manche von Statussymbolen und Normen, manche von Gesetzen. Sie vermitteln ihrer Umgebung, über diesen Dingen zu stehen und blicken auf Menschen im Ringen um Dazugehörigkeit und Status, im „Kleben" an Normen herab.
Tatsache aber ist, dass narzisstische Menschen, auch wenn sie sich über derlei kleinkarierte Dinge erhaben fühlen, ihre Großartigkeit nun mal nur anhand irdischer Gegebenheiten demonstrieren können. Wie gelingt ein solcher Spagat? Die Lösung liegt wieder in einer Sektorisierung der Wahrnehmung. Da belächelt eine narzisstische Person das Hängen an materiellen Statussymbolen, stattdessen bezieht sie aus der Demonstration von Intellekt Bestätigung und Selbstwert. Oder sie setzt sich über gesellschaftliche Einbindung und Wertschätzung hinweg und erklärt sich daran nicht interessiert, demonstriert aber ihre Besonderheit in finanzieller Potenz. So gibt sie sich den Anschein, großartig zu sein, es aber auf Status nicht anzulegen.

Amelias Eltern, Lisa und Roland, gelingt ein besonderes Kunststück. Sie setzen all ihre Energie für Ansehen und Karriere ein. Gleichzeitig – und das ist das Kunststück – betonen sie ohne Ende die Nebensächlichkeit derselben. Keine Gelegenheit wird verabsäumt ihre Überlegenheit unter Beweis zu stellen. Hier schalten und walten unterschiedliche Wahrnehmungsinhalte im Gehirn, die miteinander nicht korrespondieren. Ähnliches zeigt sich bei Stefan. Stefan verspottet Schulkollegen, die stolz auf ihr kleines Moped sind. Mit derlei Lächerlichkeiten gibt er sich nicht ab. Er selbst fährt mit einem, wenn auch alten Sport-Cabrio vor dem Schuleingang vor, um seine neue Eroberung abzuholen. Darauf angesprochen, winkt er Auto und Verhalten als irrelevant ab.

- Sexuelle Potenz als Statussymbol

  Es ist ein interessantes Phänomen, dass narzisstische Menschen auch die Sexualität gerne im Sinne eines Statussymbols instrumentalisieren. Lowen beschreibt das sehr eindrücklich:

„…der phallisch-narzißtische Mensch handelt so, als sei er sexuell sehr potent. Solche Männer[5] prahlen mit ihren Eroberungen und Kräften (diese werden an der Zahl der Geschlechtsakte pro Nacht gemessen). In Wirklichkeit ist die orgastische Potenz, d.h. die Fähigkeit, Lust zu erleben, im gleichen Verhältnis verringert. Der Grund für die Häufigkeit der Geschlechtsakte ist tatsächlich die Unfähigkeit, bei einem Akt Befriedigung zu erlangen“ (Lowen 1992: 350). Und weiter: „Da die sexuelle Befriedigung unvollständig ist, entsteht ein Gefühl der Unzufriedenheit mit der Sexualpartnerin. Es besteht die bewusste oder unbewusste Hoffnung, eine neue Partnerin würde vielleicht größere Lust verursachen. In der Hitze der durch die Jagd und durch die neue Beziehung hervorgerufene Erregung geschieht dies auch oft. Aber wenn die Bedingungen wieder verschwinden, wird die alte Situation wiederhergestellt, die sexuelle Lust nimmt ab, und so wird die Verfolgung wieder aufgenommen“ (Lowen 1992: 353).

- Hehre Ideale

  Eine ganz spezielle Form der Überlegenheit über andere oder mitunter über die gesamte Menschheit zu signalisieren, liegt in der Verfolgung oder manchmal lediglich der Proklamation hehrer Ideale, die aus existenzieller Sicht einer echten Werthaftigkeit entbehren. An früherer Stelle wurde erörtert, dass das Erleben der narzisstischen Person von Leere und Einsamkeit gekennzeichnet ist, sie nicht aus ihrem inneren Empfinden und Erleben schöpfen kann. Werte bedürfen jedoch des Erspürens und Empfangens durch die Person, um als solche gefühlt zu werden und Bedeutung zu erhalten. Ohne Anbindung an das emotionale Empfinden können wir deshalb nicht von echten Werten sprechen. Es handelt sich vielmehr um Vorstellungen oder Übernahmen aus der Kindheit oder der Gesellschaft. „Wenn Du viel leistest, bist Du ok!“, „Wenn Du ein Mensch mit Idealen bist, wirst Du geschätzt!“, und schon

[5] In der älteren Literatur wird Narzissmus fast ausschließlich als männliches Phänomen wahrgenommen. Erst in jüngerer Zeit findet der weibliche Narzissmus zunehmend Verbreitung und damit auch Beachtung.

werden hehre Ideale zu Wert- und Sinnersatz für narzisstische Menschen.

Ein unterentwickeltes Selbst mit der Frage „Wer bin ich?“ und ein fragiles Sinnerleben mit der Frage „Worauf hin soll sich mein Leben entwickeln?“, findet Heimat in großen Rettungsszenarien, die, zwar gut gemeint, oft aber der realistischen Anbindung entbehren, zuweilen sogar bedrohlichen Zündstoff enthalten.

Sylvia und Thomas beteiligen sich an so mancher Aktion zur Rettung der Welt, sei es durch Unterschriftenaktionen, Demonstrationen oder Diskussionen. „Der Mensch ist die größte Gefahr für den Planeten! Wir müssen das Wunder Erde vor den Menschen retten!“, schleudert Sylvia Freunden entgegen. Und Thomas legt nach: „Wenn die Menschen nicht von selbst zur Vernunft kommen, dann muss man ihnen eben sagen, was sie zu tun und zu lassen haben. Was ist so schwer daran, zu verbieten, dass Früchte um die halbe Welt fliegen? Oder die Stadt für Autos zu sperren!?“ Was Sylvia und Thomas nicht erwähnen bzw. ausgeblendet haben: Die gesamte Familie fliegt in ferne Länder, denn die Töchter sollen die Welt kennenlernen. Bildung ist schließlich der höchste Wert. Jeder in der Familie besitzt seinen Laptop und sein Handy – ohne WhatsApp ist Existieren schließlich nicht mehr möglich. Elektronikschrott hat diese engagierte Familie nicht auf dem Werteradar. Nicht zu reden von der Poolheizung, der Sauna und den meterlangen Kleiderschränken.

„Der Narzisst hat seine *eigene Moral* – voller Ideale und Prinzipien und dennoch ohne persönlichen Ethos. Das Festhalten an primitiven Idealen konstruiert einen Ehrenkodex, der zur Scheinmoral verkümmert“ (Tutsch 2002: 29).

Und was diese auf ihre moralische Gesinnung wertlegende Familie noch weniger realisiert: ihre Proklamationen laufen auf eine Ablösung der Demokratie durch die Diktatur hinaus.

Es verhält sich beim radikalen Einsatz für hehre Ideale ähnlich wie bei einer Zwangsneurose: ein, zwei oder mehrere

Aspekte des Lebens werden unter die Lupe genommen und als veränderungsbedürftig erachtet. Sie mutieren zur alleinigen und ausschließlichen Realität, die das gesamte Streben, Kämpfen und Wehren an sich zieht. Wie der zwängliche Mensch so manchen Lebensbereich hinsichtlich Ordnung, Sauberkeit und Kontrolle außer Acht lässt, so fallen auch den auf die Fahnen geschriebenen Idealen alle anderen Lebensaspekte zum Opfer. Egal ob es bei der leidenschaftlichen Proklamation der Ideale bleibt oder diese in einen Aktivismus münden, sie verhelfen der narzisstischen Person zum Gefühl des Wichtig- und Besondersseins, nach dem sie so dürstet und das sie für ihr Bestehen in der Gemeinschaft braucht.

- Medienpräsenz
  Eine besondere Stellung nimmt seit einigen Jahren der Kampf um mediale Präsenz ein. Gewinner(in) einer der unzähligen Castingshows zu sein oder als Influencer(in), Blogger(in) so und so viele Followers zu haben bzw. „likes“ verbuchen zu können, entwickelt sich zum Marker für Werthaftigkeit – auf einem Markt, der schon nach wenigen Wochen anderen seine Aufmerksamkeit zuwendet. Die zum Teil würdelose Zurschaustellung der eigenen Person, die Bereitschaft sich von „versierten“ Juroren aburteilen zu lassen und auf Twitter oder Instagram von Menschen, deren Ansinnen vor allem einem Ausagieren ihrer eigenen unbewältigten Unzulänglichkeiten und Hassgefühle dient, verletzen zu lassen, wird in Kauf genommen. – Für die Hoffnung, zum Gefühl „einzigartig zu sein“ Zugang zu erhalten – durch einen Sieg und Millionen „Followers“, die bewundernde Kommentare schreiben.
  Finden sich im Horizont der narzisstischen Person keine großen Ziele oder hehre Ideale, für die sie sich einsetzen kann, so eignen sich Felder der Ungerechtigkeit, deren die narzisstische Person viele findet, um in der (medialen) Anprange-rung derselben Wichtigkeit und Selbstwert zu finden und ihr eigenes Leid zu verdrängen. Das erfahrene Unrecht kann so auf real fassbares, gegenwärtiges verschoben werden (vgl. Maaz 2012).

- Beziehung als Nutzen

  Ein Mechanismus darf in dieser Erörterung nicht fehlen, zumal er ein essenzielles Werkzeug für den Ersatz von mangelndem Wertempfinden und fehlender Beziehung darstellt. Menschen, Familie, Freunde, Kollegen, sie alle betrachtet die narzisstische Person unter dem Aspekt des Nutzens: Nutzen in finanzieller Hinsicht, Nutzen für ihr berufliches Weiterkommen, Nutzen für ihren Selbstwert. Dieser Schutzmechanismus bietet einen doppelten Vorteil. Die narzisstische Person bleibt in sicherer Distanz zum Gegenüber, im Benützen anderer braucht es keine Öffnung und kein Sich-Zeigen. Die Gefahr der Verletzung, stete Warnung aus der Vergangenheit, scheint gebannt. Sexualität bietet in hervorragender Weise die Möglichkeit einer scheinbaren Nähe, die das Gegenüber physisch nahekommen lässt, ohne sich bedroht zu fühlen (vgl. Wardetzki 2011). Die narzisstische Person weiß andere mit scheinbarem Interesse zu betören, mit Engagement für die in Aussicht gestellte gemeinsame Sache. Mit ihren Antennen für die Bedürfnisse, Sehnsüchte und Ziele derer, die ihr nutzbringend erscheinen, vermag sie Verheißungen im Gegenüber zu verankern, denen sich dieses nicht entziehen kann. Ist die andere Person ihr sicher, in Verbundenheit, Loyalität und Einsatzbereitschaft, so holt sich die narzisstische Person, was sie für sich braucht. Andere, so Kernberg, zeigen nur Reste realer Personen. Überwiegend würden sie ein lebloses und schattenhaftes Dasein fristen. „Narzißtische Patienten erleben ihre Beziehungen zu anderen häufig als reines Ausnutzungsverhältnis – „wie man eine Zitrone ausquetscht und den Rest wegwirft“ (Kernberg 2019: 268). Was den Anschein von Beziehung hat, ist in Wahrheit ein Geschäft – und narzisstische Menschen erweisen sich als exzellente Geschäftemacher. „Von einem Narzissten geschätzt und ‚gemocht‘ zu werden, bedeutet also nicht sehr viel – man ist auf keinen Fall wirklich gemeint, kann aber durch die Verwendbarkeit … so lange höchste Zuneigung erfahren, wie durch die narzisstische Regulation gesichert ist“ (Maaz 2012: 147).

Sie haben eine Leistung anzubieten und nehmen dafür eine Leistung des Gegenübers in Anspruch: Sie bietet ihre Schönheit – er sein Geld. Sie bietet ihre Prominenz – er seine Jugend. Legitim, oder? Welcher erfolgreiche Mann möchte schon eine unattraktive Frau an seiner Seite? Welche Frau im Rampenlicht will sich mit einem Loser abgeben? Die narzisstische Person sieht es als „geben" und „nehmen". Was sie übersieht: Ihr Nehmen ist nicht Sekundäreffekt einer erfüllenden Beziehung, sondern Primärintention zum eigenen Nutzen.

Würde jemand Mutiger oder Unbedarfter die narzisstische Person auf das Benützerische in ihrer Beziehungsgestaltung anzusprechen wagen, würde diese mit hoher Wahrscheinlichkeit mit Empörung reagieren. Das Verhalten, über viele Jahre verfestigt, verwehrt ihr das Erkennen des Benützens und lässt ihr diese Form des Miteinanders als Beziehung erscheinen – was die Funktionstüchtigkeit des Schutzmechanismus eindrucksvoll unterstreicht.

Unter diesem Blickwinkel erscheint eine spezielle Fähigkeit der narzisstischen Person besonders erstaunlich: Sie ist durchaus in der Lage, sich einzufügen, ja sogar sich unterzuordnen! Eine Redewendung aus früheren Jahrzehnten trifft die Fähigkeit narzisstischer Menschen vorzüglich: „Nach oben buckeln, nach unten treten!" Während wir dem Nach-unten-Treten schon mehrfach begegnet sind und dieses aus dem Selbstverständnis der narzisstischen Person heraus durchaus schlüssig erscheint, mag das Nach-oben-Buckeln erstaunen. Doch narzisstische Personen erweisen sich als Meister dieser Strategie! Schon früh haben sie gelernt, sich für ihre Geltung oder ihre Ziele wichtige Personen, oftmals Autoritätspersonen, zu Verbündeten zu machen. Sie wissen Charme, Fleiß oder Wissen einzusetzen, um die in der Hierarchie über ihnen stehende Person zu beeindrucken. Sogar zu Hilfsbereitschaft sind sie fähig, wenn es dem Vorankommen dient. Bei jüngeren narzisstischen Menschen ist allerdings Intelligenz und Geduld gefragt, um nicht frühzeitig durch Autoritätskonflikte von der Karriereleiter zu fallen.

Amelia und Jenny verstehen sich hervorragend auf diese Strategie. Mit ihr bringt Amelia schon in der Schule Lehrer stets auf ihre Seite. Sie kann so sehr in der Rolle des liebenswürdigen Mädchens aufgehen und so perfekt ihre unschuldigen Absichten darlegen, dass selbst Eltern von Kindern, mit denen Amelia in Konflikt gerät, dazu neigen gegen ihr Kind Stellung zu beziehen. Jenny lernt aus den Konflikten in der Schule. Im Berufsleben wird Jenny ihre Vorgesetzten umschmeicheln und nicht nur jede Aufgabe erfüllen, sondern im Übertreffen der nicht einmal geäußerten Erwartungen Bewunderung ernten. Die Bevorzugung gegenüber den Kollegen und Kolleginnen wird ihr als Erstes sicher sein, sodann die Beförderung zur besser bezahlten Position. Die radikale Wende setzt ein, sobald sie ihren Vorgesetzten gleichgestellt ist. Mit der bewährten, schon erörterten Kampfmaßnahme der Intrige wird sie die ehemalige Vorgesetzte aus dem Rennen bugsieren. Die „überholte" Person wird ohne Blick zurück und ohne Bedauern hinter sich gelassen.

So reiht die narzisstische Person Sieg um Sieg aneinander und klettert unaufhaltsam Leitern nach oben, die Karriereleiter, die Finanzleiter, die Bedeutsamkeitsleiter – je nachdem, worauf ihr Fokus liegt. Widrigkeiten eliminiert sie mit den beschriebenen Kampfstrategien, manche innerlich, von außen nicht einsehbar, manche kämpferisch, laut, aggressiv – für alle sichtbar und angsteinflößend.

Oft leisten die Mechanismen viele Jahre einen treuen Dienst, mit deren Hilfe sich die narzisstische Person über Widrigkeiten und Scheitern hinweg katapultiert. Durch Attraktivität, Aktivität oder Bedeutsamkeit gepaart mit ihren Behauptungsstrategien ist der Erfolg sicher. Mitunter bröckelt dieser mit der Zeit durch Älterwerden, Pensionierung oder Verlassenwerden. „Arbeit bietet eine hervorragende Möglichkeit, Selbstwertdefizite zu kompensieren und durch Anstrengungen, Verpflichtungen, Ärgernisse und Schwierigkeiten, die der Arbeitsprozess mit sich bringt, vom innerseelischen Zustand wirksam abzulenken. Kein Wunder also, dass der Verlust der Arbeit, sei es durch Arbeitslosigkeit, Krankheit oder Berentung, das narzisstische Regulationssystem besonders herausfordert. Im Grunde müssen dann andere Möglichkeiten zur Kompensation oder Ablenkung narzisstischer Bedürfnisse gefunden werden…" (Maaz 2012: S 98).

Und es wäre tatsächlich nicht die narzisstische Person, wüsste sie nicht Auswege zu finden. Statt mit Attraktivität punktet sie mit den angesagtesten Events. Statt mit Status durch ihre berufliche Position beeindruckt sie mit der Stiftung kultureller oder sozialer Projekte.

Auswirkungen / Tragik

Manchmal jedoch, ausgelöst durch eine unvorhergesehene oder darauf nicht vorbereitete Lebensveränderung ereilen auch den narzisstischen Menschen Zeiten der Dunkelheit. Zumeist handelt es sich um Momente, die er mit Hilfe seiner Mechanismen abzuschütteln weiß. Einer aus dem reichhaltigen Repertoire findet sich fast immer, um das Seelenheil wiederherzustellen.

Manchmal handelt es sich aber auch um Stunden und Tage, die den Narzissten abtauchen lassen in ein Dasein des Zweifelns, des Grübelns und der Lähmung. Ein diffuses, durch seine Unfassbarkeit umso quälenderes Ahnen zieht nebelhaft ins Bewusstsein, dass etwas nicht stimmt, ihm verwehrt ist.

Was kann es nur sein? Der Rückblick auf die Erfahrungen von Großartigkeit stürzt narzisstische Menschen in Ratlosigkeit hinsichtlich der Ursachenfindung. Dass gerade jene Erfahrung der Großartigkeit Schuld am Verlust des Zugangs zu sich trägt bzw. dass sich der Zugang zu sich möglicherweise gar nicht erst entwickeln konnte, ist dem narzisstischen Menschen nicht bewusst. Dass gerade das beständige Erleben von Idealisierung und Grenzenlosigkeit bzw. die irritierende Spaltung von Wertschätzung und Geringschätzung die Entwicklung einer annehmenden und liebevollen Beziehung zu sich verhindert hat, weiß er nicht. So bleibt der narzisstische Mensch ein Leben lang in der Sehnsucht und der Suche nach Bestätigung gefangen, die nur geschenkt und

erfahren, nicht aber erkämpft werden kann – ohne seiner seelischen Not jemals zu entkommen (vgl. Maaz, 2012).
So kommt es zur folgenschweren Verwechslung von Selbstwert mit Großartigkeit und Überlegenheit, zur Gleichsetzung von Grenzenlosigkeit mit Entfaltung und schließlich zum Ersatz eines realistischen Schauens und Einschätzens durch den Blick durch eine rosarote Brille.
Was die narzisstische Person in diesen Momenten ahnt, ist das Leid, ihr einzigartiges Wesen nicht entwickelt oder verloren zu haben; das, was ihr entsprechen würde, ihr zutiefst zu eigen wäre, nicht hören, nicht erkennen zu können, als wäre es zugemauert.
Was ihr fehlt, ist die bereits erörterte Erfahrung von echter Beachtung, ernst genommen werden und Wertschätzung durch geliebte Bezugspersonen, die die Fähigkeit zum achtsamen, respektvollen und wertschätzenden Umgang mit sich selbst induzieren hätten können.
Die folgenschwere Konsequenz daraus: Die narzisstische Person kann ihr „Ich" nicht oder nicht ausreichend entwickeln – das Ich, jene Instanz, die gleich einem Dirigenten die Gegebenheiten der Welt mit eigenem Empfinden, Stellungnahmen, Entscheidungen und Handlungen in Einklang und das Einzigartige der Person zum Ausdruck bringt. Obgleich so imposant im Auftreten, das Ich des narzisstischen Menschen ist ein schwaches Ich. Schwach, weil es ihm an einem gut entwickelten Fundament, starken Ich-Strukturen, mangelt. „Die mangelhafte Ausbildung der Ich-Funktionen bzw. ein traumatischer Verlust bereits entwickelter Ich-Funktion führt zu einem

- Grenzverlust und Selbstbildverlust, was Schwäche an innerlich verankerter Identität und Autonomie bedeutet;
- Verlust des Gefühls für das eigene, was Mangel an Authentizität und Moralität bedeutet;
- Verlust der Stellungnahme zu sich, was zu fehlender Ich-Festigkeit und mangelnder Durchsetzungskraft (Autorität) führt" (Längle 2002a: 21).

Die beschriebenen Faktoren machen den Verlust des Bezugs der narzisstischen Person zu sich selbst deutlich, ihr inneres Erleben ist gekennzeichnet von Leere und Einsamkeit. Der innere Dialog ist erstarrt. Auf körperlicher Ebene zeigt sich die psychische Erstarrung laut Lowen (1992) in Form von Verkrampfung und Versteifung, deren Lockerung durch körperliche Arbeit, Erinnerungen und Einsicht zu erreichen ist. Als Folge der „Vereisung" ist es dem narzisstischen Menschen unmöglich, aus dem eigenen tiefen Empfinden zu schöpfen und noch viel weniger mit anderen mitzuempfinden. Ein vereistes Ich kann die Gefühle anderer nicht empfangen.

In wunderbarer Weise beschreibt Hans Christian Andersen im Märchen „Die Schneekönigin" das Phänomen der Vereisung: Der Teufel hatte einen Spiegel hergestellt, in dem das Schöne der Erde und das Gute im Menschen in ein Nichts zusammenschrumpfte und alles Negative überdimensional hässlich erscheinen ließ. Als die Schüler des Teufels darin schon bald nicht mehr das Auslangen fanden, wollten sie die Engel und Gott in der Verzerrung des Spiegels betrachten. Je höher sie flogen, umso mehr erzitterte der Spiegel, bis er ihnen entglitt und in Abermillionen Stücke zerborsten zur Erde fiel. Menschen, die einen Splitter ins Auge bekamen, sahen von da an nur das Schlechte. Besonders schlimm aber erging es jenen, denen ein Glassplitter ins Herz eindrang. Das Herz wurde kalt und starr wie ein Klumpen Eis.

So erging es auch dem jungen Kai. Ihm geriet ein kleiner Splitter bis ins bis dahin weiche, warme Herz und ließ es kalt und ungerührt werden. Mit der Zuneigung seiner kleinen Freundin Gerda konnte er nichts mehr anfangen, ebenso bedeutete ihm das warme Zuhause und die liebevolle Umsorgung durch die Großmutter nichts mehr. Nun faszinierte ihn die makellose Schönheit der Schneekristalle und der Schneekönigin, die ihn in ihr überirdisch schönes, aber kaltes Reich entführte.

Erst die Tränen der kleinen Gerda, die ihn nach langer Suche im Eispalast wiederfand, spülten in ihrer innigen Umarmung den Glassplitter aus seinem Herzen und öffneten ihm wieder das Tor zu menschlicher Wärme und Liebe (Andersen 1963).

Es sind die Tränen, die Trauer, die den narzisstischen Menschen wieder in die Lebendigkeit und in ein mitfühlendes Miteinander bringen könnten. Aber von der Trauer über den Verlust seiner Gefühle und echter Beziehungen ist er weit weg. So wie Kai im Märchen: Als sein Herz vereist, kompensiert er seine Gefühllosigkeit mit zynischer Kritik an allem und jedem sowie mit kühler Analyse, die manchen beeindruckt.

Ja, der narzisstische Mensch beeindruckt mit Coolness, wie wir das heute gerne nennen. Er ist ein Könner im „So-tun-als-Ob". Der fehlende Bezug zu sich wird ersetzt durch einen scheinbar intensiven, gefühlsstarken dynamischen Außenbezug. Übermenschliche Kräfte scheinen ihm innezuwohnen, wenn er rund um die Uhr Präsenz vermittelt, mehrere Jobs unter einen Hut bringt, aus einem nicht versiegen wollenden Pool an Ideen schöpft, für alles und jedes ein Interesse zu haben scheint. So entsteht der Eindruck eines kraftvollen und geistreichen Menschen, den andere bewundern, ihm Gefolgschaft leisten, sich mitunter aber auch eingeschüchtert fühlen. Was ihm diese übernatürlichen Kräfte verleiht, ist in Wahrheit ein Überlebenskampf. Sein schwaches Ich, das keinerlei Stärkung aus seinem Inneren erfährt, ringt um lebenserhaltende Nährung von außen. Tragischerweise trügt jede Bestätigung von außen. „Die tiefe Wunde will nicht heilen, denn je höher ein Mensch emporsteigt, umso deutlicher nähert er sich dem Scheitern. Diese Erfahrung machen Menschen, denen die Welt zu Füßen liegt, die Bewunderung und Verehrung ohne Ende erfahren, bei denen sich aber an ihrem innersten Leid nichts ändert. Der äußere Erfolg läßt die emotionale Not nur noch deutlicher werden" (Röhr 2009: 82-83). Selbst Nobelpreis oder Olympiasieg könnten nicht das wärmende Feuer eines echten Wertempfindens ins Innere des narzisstischen Menschen bringen. Egal wie großartig die Leistung, die Ehrung, der Status – sie alle, obwohl vom narzisstischen Menschen so sehr erkämpft – gönnen ihm nur eine kurze, oberflächliche Befriedigung, manchmal Genugtuung. Denn sie erreichen ihn nur an seiner Außenhülle, danach prallen sie am Schutzpanzer ab. Dieser, als Schutz vor Kritik und Verletzung entwickelt, wird dem narzisstischen Menschen nun zum Verhängnis. So gut dieser auch seine Aufgabe erfüllt, Verletzungen abzuwehren, so tut er dies leider auch mit jedem anderen emotional gefärbten Input. Zuneigung und Wertschätzung überwinden die Schranken nicht; und selbst wenn es ihnen gelänge, würden sie auf keinen Resonanzkörper stoßen, der sie zum Klingen brächte. Das Wärmepotential, das ihnen innewohnt, verpufft. Tutsch (2002) nennt es das Leben in der ewigen Gegenwart, in der Zuwendung und Beifall keine Spuren hinterlassen, aus denen die narzisstische Person schöpfen könnte.

Vor der Schutzschranke, der imposanten Fassade, spielt sich ein reichhaltiges, dynamisches Leben ab. Hinter dieser Fassade aber lebt weder Gefühlsreichtum noch Interesse für die Außenwelt, sondern Gefühlskälte. Diese isoliert den narzisstischen Menschen von der Welt und lässt ihn in Einsamkeit zurück. Doch Leere und Einsamkeit füllen den Raum hinter der Fassade nicht zur Gänze aus. Sie sind lediglich Bollwerke gegen einen tiefen, inneren Schmerz, der manchmal kognitiv bewusst, aber so gut wie immer ungefühlt bleibt. Nichtsdestotrotz bestimmt er das narzisstische Verhalten. Genau gesagt, hat sich der narzisstische Mensch gegen einen dreifachen Schmerz zu wehren. Da ist zum einen der Schmerz mit sich nicht in Beziehung kommen zu können. Keine innere Stimme ist zu hören, kein liebevolles inneres Du, mit dem der narzisstische Mensch einen Dialog führen könnte, durch den er Zuspruch, Trost und Rat erfahren könnte. Im Blick nach innen – den er zu verhindern weiß – würde er auf unerträgliches Schweigen stoßen. Somit, wie Längle schreibt, „… fehlt der Zugang zum ‚inneren Wasser' des Personseins. Für ihn gibt es keine wirkliche Authentizität. Er kennt seinen Eigenwert, sein Besonderes, sein Ich nicht, weil er mit seinem Personsein nicht durchgängig in Berührung ist" (Längle 2002a: 23).

Zum anderen lauert im Inneren ein Schmerz über ein Nicht-mitschwingen-Können mit anderen, auch die nächsten Menschen nicht erspüren und damit in kein Miteinander gelangen zu können. So wie er sich nicht spürt, spürt er auch die anderen nicht. Während bereits ein Kleinkind die Beziehung zu seiner

Bezugsperson bei vorübergehender Trennung aufrecht erhält, sticht die Unfähigkeit des narzisstischen Menschen die Beziehung über die unmittelbare Bedürfnisbefriedigung hinaus aufrecht zu erhalten, ins Auge (Kernberg 2019). Liebe, Freundschaft, ein füreinander Einstehen, sind ihm verwehrt. Freilich meint der narzisstische Mensch diese zutiefst bewegenden Erfahrungen zu kennen und zu leben. Doch es handelt sich bei genauer Betrachtung nicht um ein Fühlen und Spüren aus der Beziehung heraus – der innerlichen und der Außenbeziehung – sondern um ein gedachtes, ein gewolltes, in dem die andere Person lediglich seinem Selbstwert dient; so zum Beispiel die Schönheit einer Frau seinem Ego schmeichelt oder die Prominenz eines Freundes seinen Glanz aufpoliert. So geschieht statt Wertempfinden Wertdenken, orientiert an gesellschaftlichen Normenhierarchien und Statussymbolen. Tief in seinem Inneren, hinter der Fassade und noch weiter hinter der Einsamkeit sitzt der Schmerz darüber; der Schmerz, der um das Gemachte, das Manipulieren und Benützen dieser Beziehungen weiß.
Und schließlich die dritte Seite des Schmerzes: Sie reicht in die Vergangenheit bzw. tönt aus dieser in die Gegenwart. Es sind die Verletzungen der Kindheit, die wie ein Stachel in der Seele sitzen und den bereits mehrfach erwähnten Zweifel an der Werthaftigkeit befeuern.

Aber wie gesagt, der Schmerz ist zum großen Teil hervorragend abgeschirmt. Wann immer ein Erleben kindliche Verletzungen triggert, weiß er seine Waffen gegen Erinnerung und Schmerz einzusetzen. Mit Kampf und Aggression, notfalls durch Flucht, werden sie aus seinem Leben verbannt. Steht der narzisstische Mensch in der Blüte seines Lebens und ganz im Besitz seiner Kräfte – Kräfte, die den raschen, effektiven Einsatz seiner Schutzmechanismen gewährleisten – so ist dieser Kampf ausgefochten bevor noch Zusammenhänge zwischen gegenwärtigem Leben und kindlichen Verletzungen ins Bewusstsein gelangen würden. Schwächelt die energische Selbstbehauptung, etwa durch mangelnde Zufuhr an Bestätigung über einen längeren Zeitraum

oder durch massive Konfrontation mit Kritik oder einem anders gearteten Brüchigwerden der Abwehrmauer, so können Verletzungen und Schmerz die Bewusstseinsschranke durchbrechen. Dann bedarf es eines größeren Kraftaufwands, begleitet von Stunden der Selbstinfragestellung, bis der narzisstische Mensch wieder fest im Sattel seines Größen-Ichs sitzt.
Aber bei aller Versiertheit im Kampf gegen den Zweifel und den Schmerz – das Leben, das der narzisstische Mensch führt, gleicht zeitlebens einem Tanz auf dem Vulkan. Denn nie ist er gefeit davor, dass Schmerz und Unwertgefühl hervorbrechen, mit einer Wucht, der auch er nichts mehr entgegenzusetzen hat. Hat sich die Lebenssituation einer narzisstischen Person in derartiger Weise zugespitzt, so findet sie sich in einer bedrohlichen Blase vor, deren Platzen sie um jeden Preis zu verhindern trachtet. Ein solches Geschehen käme einem Super-GAU gleich. Kein Stein bliebe auf den anderen. Alles, was diesen Menschen ausgemacht hat, würde sich in Nichts auflösen. Daher richtet sich alles Bemühen auf den Erhalt des Größen-Ichs. Im Gefängnis des Größen-Ichs zu verharren, erscheint sicherer als sich der Realität zu stellen. Eine noch so behutsame Heranführung an die Realität etwa im Rahmen einer Psychotherapie stellt eine große Herausforderung dar.
In den besten Jahren braucht es für einen derartigen Einbruch massive Lebensveränderungen: Die Familie wendet sich ab; ein Scheitern im Beruf, das das „Aus" für den bisherigen, das gesamte Denken, Fühlen und Leben einnehmenden Weg bedeutet; das ist vor allem bei Sportler(inne)n, Künstler(inne)n, Manager(inne)n und Politiker(inne)n nach steilem Aufstieg und folgendem Absturz zu beobachten.
Später, wenn der Zahn der Zeit zu nagen beginnt und die Abwehr an Kraft einbüßt, steigt die Gefahr des narzisstischen Zusammenbruchs. Das Schwinden von Schönheit, Fitness und Leistungsvermögen beraubt der Grundidentifikationen. Die allmähliche Reduzierung des Lebens hin zu einem Leiser-treten-Müssen bzw. Krankheit oder der plötzliche Verlust der beruflichen und gesellschaftlichen Position durch Pensionierung – all das setzt seinem Selbstverständnis von Großartigkeit zu. Kernberg fasst diesen

Vorgang eindrucksvoll zusammen: „Wenn wir bedenken, daß einem im Laufe eines normalen Lebens die meisten narzisstischen Bestätigungen in der Jugend und im frühen Erwachsenenleben zu Teil werden und daß das Individuum, selbst wenn es fast während des gesamten Erwachsenenlebens eine Kette narzißtischer Triumphe und Befriedigungen genossen hat, schließlich doch den grundlegenden Konflikten im Zusammenhang mit dem Altern, chronischer Krankheit körperlichen und seelischen Einschränkungen und vor allem Trennungen, Verlusten und Einsamkeit ins Auge sehen muß, dann erkennen wir, daß die schließliche Konfrontation des Größen-Selbst mit der zerbrechlichen begrenzten sterblichen Natur des Menschen letzten Endes unvermeidlich ist“ (Kernberg 2019: 354).

Zurückgeworfen auf sein nicht vorhandenes, authentisches Selbst, greift der narzisstische Mensch haltsuchend ins Leere. Oder wie diese Menschen es oft formulieren: Sie befinden sich im freien Fall. Im Äußeren bieten die realistischen Dinge des Alltags keinen Boden, im Inneren findet sich keine Antwort, nicht einmal ein Widerhall. Nichts antwortet auf seine Verzweiflung. Die Unfähigkeit die Verluste zu betrauern (einhergehend mit der Unfähigkeit zu lieben) haben die Verinnerlichung von Werten und Beziehungen verhindert, die nun emotionale und geistige Nahrung bieten würden.

Es kommt zum Showdown. Die Großartigkeit, die atemberaubende Intensität vergangener Tage bieten auch nicht durch Erinnern Halt. Mehr noch: Als frühere Orientierung, was Leben ist, lassen sie das Hier und Jetzt noch desaströser erscheinen. So mündet das Leben des narzisstischen Menschen nicht selten im letztmöglichen Schutzmechanismus, der uns Menschen zur Verfügung steht: dem sogenannten Totstellreflex. Aus der Unfähigkeit heraus, mit dem realen (bescheidenen) Leben zurecht zu kommen, stürzt der narzisstische Mensch in Sucht oder Depression. In der Sucht betäubt er sein Nicht-umgehen-Können mit den Gegebenheiten. In der Depression zieht er die Decke über ein Empfinden seiner Situation. In beiden Copingreaktionen besteht aber noch immer die Hoffnung auf ein Auftauchen und ein heilsames Auseinandersetzen mit dem Leben. „Therapeutisch ist die Prognose umso besser, je mehr das narzisstische Größenselbst Schwankungen unterworfen ist und je mehr affektive Anteile da sind“ (Tutsch 2002: 33). „Schlechter ist die Prognose dort, wo die Projektion und die Schuldzuweisungen lückenlos sind bzw. dominieren“ (ebd.).

Manchmal – tragischerweise – reichen selbst diese Schutzmechanismen zum Weiterleben nicht aus. Dann finden narzisstische Menschen nur den Ausweg im Selbstmord. Ihrem Erleben gemäß erachten sie die entschiedene Verweigerung eines Lebens in Einsamkeit, Leere und Nichts-Sein als letzten Beweis der Stärke.

Teil 3
Der Falle entgehen

Sich selbst als die Person, die man ist, authentisch leben zu können, stellt einen lebenslang andauernden, herausfordernden Prozess dar. Jederzeit ist es möglich, durch widrige Umstände den Zugang zu sich und den wertschätzenden Umgang zu verlieren; sei es, etwas zu leben, was einem nicht entspricht, um anerkannt zu bleiben; sei es, sich verleugnen und unterordnen zu müssen, um Verlust, Geringschätzung oder sonstige Bestrafungen zu vermeiden.

Zu einem großen Teil geschieht Selbstwertentwicklung jedoch in Kindheit und Jugend. Der gesunde Selbstwert wie die Entwicklung eines narzisstischen Größen-Ichs haben ihre Wurzeln gleichermaßen in dieser Lebensphase. Die einflussreichsten Bezugspersonen sind in dieser prägenden Zeit zweifellos die Eltern. Aber auch der Einfluss von Lehrkräften oder anderen wichtigen (Autoritäts)personen sollte nicht unterschätzt werden. Sie alle spielen im Leben eines jungen heranwachsenden Menschen eine wichtige Rolle, wenn es um die Entwicklung eines gesunden Selbstwerts geht, die diesem Menschen aus einer internalisierten Selbstachtung und Wertschätzung heraus ermöglicht in ebendieser Weise mit der Welt in Beziehung zu sein.

Je früher eine Auseinandersetzung mit der Realität der Welt sowie dem eigenen Vermögen und Unvermögen beginnt, umso besser stehen die Chancen, zu einem authentischen Lebensvollzug basierend auf realen Gegebenheiten zu gelangen.

Wie gestaltet sich nun die Entwicklung eines gesunden Selbstwerts konkret?

Dieser Frage soll im Folgenden anhand eines Exkurses in die Anthropologie der Existenzanalyse nachgegangen werden, um die Bedingungen für eine gesunde Selbstbild- und Selbstwertentwicklung zu veranschaulichen.

Selbstbild und Selbstwert sind nicht Fertigkeiten des Menschen, über die er von Anfang an verfügt, wenngleich die Fähigkeit sie zu entwickeln in ihm angelegt ist. Um sie zu entfalten, braucht ein junger heranwachsender Mensch andere, die ihm behilflich dabei sind, zu entdecken, wer er ist und dies gutheißen. Wahl (2002) unterstreicht nicht nur die Wichtigkeit eines fördernden und haltgebenden Gegenübers, sondern ebenso die unverzichtbare Herausforderung und Stimulierung durch die Differenz, durch das Andere für die Entwicklung unserer Identität – existenzanalytisch gesehen – Basis der Ich-Bildung.

Voraussetzungen der Bezugspersonen

Die Basis für eine gesunde Ich-Bildung zu schaffen, kommt in erster Linie den Eltern zu. In diesem Sinne gilt der erste Blick den Eltern selbst. Mit ihrer Entwicklung steht und fällt das Schicksal des Kindes. Keineswegs meint „Entwicklung" hier Intellekt, Belesenheit oder schulische Bildung. Entwicklung meint an dieser Stelle Qualitäten, die mit „Herzensbildung" und dem Erspüren-Können des Notwendigen und des passenden Umgangs mit anderen umschrieben werden können. Um sich selbst und damit auch Heranwachsende ins und durchs Leben begleiten zu können, benötigen Eltern einige Fertigkeiten, wobei vorauszuschicken ist, dass weder Perfektion noch ein Immer-alles-richtig-Machen erforderlich ist. In Anlehnung an die Erkenntnisse der Säuglingsforschung, wonach es lediglich einer „ausreichend guten Mutter" (Winnicott 2006) und nicht einer perfekten bedarf, findet auch in der weiteren Begleitung des Kindes ein durchschnittliches Vermögen, in dem auch Fehler und Schwächen ihren Platz haben, das Auslangen.

- Boden
  Demnach benötigen Eltern einen ausreichend sicheren, eigenen Boden, wodurch ihnen Raum und Gelassenheit für sich selbst wie auch gegenüber ihrem Nachwuchs möglich ist.

- Liebe
  Von essentieller Bedeutung erweisen sich die Liebe zu sich selbst und zum Leben und daraus resultierend sich selbst Wert und eine angemessene Wichtigkeit zuzuschreiben. Ist die-

ses Erleben entwickelt, wird es auch anderen, vor allem den Kindern, zukommen und in ihnen das Erleben von Wertsein induzieren.

- Wertschätzung
  Eine ähnliche Bedeutung kommt der Fähigkeit zu, die ganz eigene Wesensart gelten zu lassen, ernst zu nehmen und für sich einzutreten. In dem Maße, wie das für sich selbst möglich ist, wird diese Haltung auch einem Kind entgegengebracht. Daraus resultiert eine realistische Selbsteinschätzung und Wertschätzung, in der Stärken und Schwächen ganz einfach zu diesem Menschen gehören. Sie müssen weder verleugnet noch zelebriert werden; weder zur Bestätigung des Egos noch zur manipulativen Benützung des Kindes eingesetzt werden.

- Ziele
  Schlussendlich wirken sich Wissen, Erspüren und Verfolgen von Möglichkeiten und Zielen, die als sinnvoll erlebt werden, stabilisierend und orientierend auf die Person sowie die gesamte Familie aus.
  Die beschriebenen Fähigkeiten dienen Kindern im Sinne der Vorbildwirkung und Anleitung. Wie aus der psychologischen Forschung hervorgeht, nimmt das Vorbild in der Prägung von Kindern und deren Übernahme von Verhaltensweisen eine zentrale Rolle ein (vgl. Bandura 1994). Die Fähigkeiten der Erwachsenen bestimmen aber auch ihren Umgang mit den Heranwachsenden und entscheiden neben deren ganz persönlichem Potential über Größe und Weite der Entwicklungsmöglichkeiten.
  Darüber hinaus spielen auch Großeltern, Geschwister, Freunde, Lehrer eine wichtige Rolle; manchmal auch in Form der Kompensation dessen, was im engsten Familienkreis verursacht wird. So kann ein Lehrer / eine Lehrerin durch seinen / ihren guten Umgang mit dem Kind Verletzungen und daraus resultierende Selbstwertunsicherheiten mildern.

Stefan, Amelia, Miriam – sie alle konnten kein gesundes Selbstbild entwickeln. Sie sonnen sich in einem Pseudoselbstwert. Was hätten sie gebraucht? Welcher Umgang wäre ihrer gesunden Selbstwertentwicklung dienlich gewesen? Wie sieht nun der persönlichkeitsfördernde Umgang mit Heranwachsenden aus? Ein Kind bei seinem Ankommen auf dieser Welt willkommen zu heißen, die elterliche schützende Hand über das kleine Wesen zu halten und ihm all die im Vermögen stehende Geborgenheit und Wärme zu schenken, seien hier als Basis für ein Erleben von Sicherheit und Geliebtsein im voranschreitenden Leben genannt.

Respekt, Ernstnehmen und Wertschätzung als konstituierende Faktoren des Selbstwerts

Erst darauf aufbauend rückt die Entfaltung des ganz Eigenen, der kleinen Person und ihres Selbstwerts in den Mittelpunkt; jener persönlichkeitsstärkenden Aspekte, die einer narzisstischen Entwicklung entgegenwirken. Aus Sicht der Existenzanalyse bedarf es dreier Erfahrungen, um einen guten Zugang zu sich zu entwickeln und einen gesunden Selbstwert auszubilden. Sie sollen hier dargestellt werden – nicht ohne den Hinweis, dass einiges nicht dem derzeitigen Mainstream entspricht und damit ein angenehmes, harmoniegetragenes Mitschwingen mit aktuellen Ideologien da und dort nicht erlaubt.

- Beachtung / Respekt
  Ein Kind bedarf der Erfahrung eines respektvollen Umgangs mit ihm wert zu sein. Dazu gehört zuallererst, dass dieses junge Wesen Beachtung findet; dass seine Bezugspersonen es wahrnehmen, den Blick heben, wenn es nach Hause kommt; ihm zuhören, wenn es erzählt, bemerken, wenn es etwas braucht. Beachtung und Respekt stellen sich durch die Raumgabe und ihre Wahrung durch Grenzziehung zum Wohle aller dar. Jeder, nicht nur die Eltern, aber ebenso nicht nur die Kinder, haben im familiären Miteinander das Recht Raum zu erhalten und

darin Beachtung zu finden. Ihre Realisierung zeigt sich räumlich, etwa im Zugestehen eines eigenen Platzes / Zimmers; zeitlich durch Gespräche, Zuhören, Kuscheln und gemeinsames Tun und im persönlichen Umgang durch die grundsätzliche Wahrnehmung der anderen Person in ihrer Würde. Im Alltag wird sie durch ein höfliches, zugewandtes, raumgebendes Miteinander sichtbar.
Besonders bedeutsam ist das Erlernen der Zurücknahme, wenn es die Situation erfordert. Dazu braucht es nicht ein fortwährendes Erklären und Erinnern des Kindes. Vieles kann durch die Vorbildwirkung erreicht werden. Erfahren Kinder von ihren Eltern die Wichtigkeit des Abwägens zwischen den Interessen einzelner Familienmitglieder, wird ihnen nach und nach die Fähigkeit zur Rücksichtnahme und wenn nötig zum Verzicht geläufig. Und schließlich gilt es den Wert des Sich-entschuldigen-Könnens hervorzuheben. Auch hier kommt dem elterlichen Vorbild eine wichtige Rolle zu. Die Fähigkeit Fehler oder Nicht-Wissen einzugestehen, stellt einen Eckpfeiler im respektvollen, familiären Umgang dar. Bei älteren Kindern wird zusätzlich ein Revidieren- und Relativierenkönnen eigener Standpunkte in der Diskussion bedeutsam. Pubertierende, die ihre Eltern in einer differenzierten Vorgangsweise erleben, werden diese – auch wenn sie vielleicht vorerst lautstark protestieren – als umsichtige, kluge Menschen achten und mit der Zeit eine ebensolche Haltung übernehmen.
Eine Umgangsweise in der beschriebenen Form induziert im Kind die Erfahrung von Beachtet- und Respektiertsein und legt den Grundstein für das tiefe Erleben seiner Würde; und somit auch für die Fähigkeit, die Würde anderer zu wahren.
Ein besonderer Stellenwert kommt in diesem Zusammenhang der Wahrung von Grenzen zu. Die Entfaltung der Person setzt die Wahrung des ihr eigenen Raums voraus. Entwicklungsraum in der genannten dreifachen Hinsicht ist nur möglich durch Begrenzung – Grenzenlosigkeit schafft diesen nicht.
Daraus resultiert eine doppelte Grenzziehung: zum einen eine Grenzziehung, die die Größe des Raums definiert. Wir kön-

nen diesen Raum auch Freiraum nennen. Angemessen an Alter und Reifung des Kindes ermöglicht er die Erkundung des Eigenen, des Miteinanders und der Welt. Die Schwierigkeit besteht in der adäquaten Größe, die das Kind fördert, aber nicht über- oder unterfordert.

Ist die Raumbegrenzung zu weit gefasst oder fehlt sie gar, bekommt der junge Mensch sich, sein Eigenes nicht zu fassen, er verliert sich. Bis weit ins Erwachsenenalter hinein, weiß er nicht, wer er ist und was er will.

Erfolgt eine zu enge Grenzziehung – aus Angst, Überbehütung, Eigennutz oder Missbrauch – passiert Ähnliches. Der heranwachsende Mensch beugt sich den Vorgaben oder bringt sich durch Opponieren und Verweigerung derselben scheinbar ins Leben ein. Sein Eigenes bleibt jedoch auf der Strecke.

Die zweite Form der Grenzziehung dient der Wahrung der Intimität und Würde. Sie ist zuerst von den Eltern aus einer Haltung des Respekts herauszuziehen und von diesen, sobald das Kind sie selbst zu setzen imstande ist, einzuhalten. Es gilt, dem Kind eine Zeit, einen Ort, Gedanken und Geheimnisse zuzugestehen ohne Beobachtung oder Einmischung.

Fanny, Sylvias und Thomas' „Große" leidet still und unbemerkt unter der Missachtung ihrer Intimität. So wie sie bisher in unserer Schilderung nicht vorgekommen ist, so ergeht es ihr auch in der Familie. Während Jenny mit ihrem bisweilen auffälligen Verhalten die Eltern auf Trab hält, verhält sich Fanny unauffällig. Sie erfüllt jede direkt formulierte oder indirekt vermittelte Erwartung. Sie entspricht dem Vorzeigekind schlechthin. Fannys Eltern sind froh, sich wegen ihrer Älteren nicht sorgen zu müssen. Thomas erzählt stolz von ihren schulischen und sportlichen Leistungen. Nur Sylvia verspürt ein bisweilen quälendes Unbehagen, denn Fanny verhält sich nicht nur überaus angepasst, sie verhält sich auch in einer ihr Wesen niemals preisgebenden Weise. Fragen nach Ereignissen in der Schule, nach ihren Freundinnen und vor allem nach ihrem Befinden beantwortet sie freundlich wie knapp mit einem „Passt schon!" „Eh ok!" „Alles gut!" Sylvia, die sich nach einer nahen, freundschaftlichen Beziehung mit Fanny sehnt, leidet unter der Verschlossenheit der Tochter. Und was tut sie in ihrer Not? Sobald Fanny in der Schule ist, schleicht die Mutter in ihr Zimmer, nimmt das Tagebuch der Tochter aus dem Regal, öffnet es mit einem Ersatzschlüssel und verschafft sich so Zugang zum Seelenleben ihrer Tochter. Es sind die einzigen Momente, in denen sie ihrer Tochter zu begegnen glaubt, wenngleich die Allgemeinheit der Eintragungen in ihr ein seltsam schales Gefühl hinterlassen. Was sie nicht ahnt: Ihre Tochter hat die Übergriffe der Mutter längst bemerkt. Als introvertiertem Mädchen ist ihr eine exzellente Wahrnehmung zu eigen, eine, die die kleinsten Veränderungen wie die Lage eines Tagebuchs oder das Ausmaß des Herausragens des Lesezeichens registriert. So führt Fanny ein Tagebuch für die Mutter. Das für sie selbst geschriebene, das tatsächlich Spiegel ihrer Person ist, lagert an einem Ort außerhalb des Elternhauses. Was zementiert sich aber in Fannys Sicht der Welt ein? „Traue niemandem, schon gar nicht deiner Mutter."

Dass Gewalt und Missbrauch Grenzüberschreitungen sind, die mit verheerenden Folgen für das Kind einhergehen, steht außer Frage. Die Einhaltung der diesbezüglichen Grenzen ist schlichtweg als „Muss" zu betrachten.

Eine besondere Herausforderung besteht in der Veränderung der Grenzen. Der Aktionsraum des jungen Menschen ändert sich laufend, die Grenzen sind weiter zu stecken. Aber nicht nur das. Raum und Grenze unterliegen auch der jeweiligen Situation. Unter Belastung, bei Veränderungen bedürfen Kinder wieder einer engeren Führung. Eltern erleben ihre Kinder dann anlehnungsbedürftiger und erzählfreudiger. Ist die schwierige Situation überstanden, sorgt der Nachwuchs unvermittelt für die Wiederherstellung der alten Grenzen. Eltern sind also laufend vor die Aufgabe gestellt, die Grenzen neu zu stecken, je nach Bedarf des Kindes.

Die größte Herausforderung besteht aber wohl darin, trotz der variierenden Situationen Standfestigkeit und Klarheit zu bewahren, die den Heranwachsenden Orientierung und

Selbstfindung erlauben. Oft ist in der Therapie zu hören, dass selbst Führungskräfte ihren Führungsaufgaben nicht gerecht werden, dass sie es allen recht machen wollen, Stellungnahmen vermeiden und erst recht Konflikte – plötzlich aber ausrasten oder Menschen fallen lassen. Eltern, die dahingehend über keinerlei Ausbildung verfügen, wird jedoch in jeder Situation die Fähigkeit abverlangt ihre Kinder zu führen, enger oder weiter, je nach Situation, um sie durch dick und dünn zu geleiten.

- Ernstnehmen / der Person gerecht werden
  Dieser Aspekt hat in den letzten Jahrzehnten ein weites Spektrum von Auslegungen erfahren. Eine, nach 1968 rasch an Geltung und Zustimmung gewonnene, setzt das Ernstnehmen eines Kindes gleich mit Zulassen, Gewähren lassen, ihm die Führung überlassen. Aus einer unendlich langen Geschichte von Unterdrückung, Übergangenwerden und Misshandlung der Kindergenerationen heraus erfolgte der Sichtwechsel wohlmeinend in der Absicht, künftigen Kindern gerechter werden zu wollen. Doch – es scheint das Schicksal des Menschen zu sein – er findet selten die Mitte des Stimmigen, sondern schlägt wie das Pendel einer Uhr von einer Seite zur anderen aus. Die Stunde der narzisstischen Entwicklung einer ganzen Generation hatte somit geschlagen. Was aber meint Ernstnehmen / Gerechtwerden eigentlich? Einer Person gerecht zu werden, geht über das Beachten und Erspüren der Grenzen hinaus. Erst wenn ihr Entwicklungsraum sichergestellt und die adäquaten Grenzen abgesteckt sind, kann eine ernstnehmende Auseinandersetzung mit dem Kind beginnen. Dazu bedarf es des Innehaltens, des Verweilens, des hinspürenden Blicks, der sichtbar werden lässt, was das Kind vom Gegenüber – seinen Eltern – braucht, was ihm gerecht wird. Ein solcher Blick (eine solche Haltung) befähigt Eltern das Kind entsprechend seinem Vermögen anzuleiten, seine Entwicklung zu fördern, es auch zu fordern, dabei aber vor einem Zuviel zu schützen.

Mitunter springt das Wesen des Kindes Eltern häufiger und unvermuteter ins Auge als ihnen lieb ist. Sie nehmen wahr: Dieses Kind ist anders als sie selbst. Die Mutter liebt Sport, ihre Tochter verweigert jedes Angebot. Der Vater erlebt sich als philosophierenden Menschen, sein Sohn konfrontiert ihn mit der Sichtweise, dass es im Leben nur um beweisbare Fakten gehe. Die Kunst besteht darin, dieses Eigene nicht nur wahrzunehmen, sondern auch zuzulassen und anzuerkennen: „Du bist anders als ich, magst anderes und kannst anderes als ich. Das hat seinen Wert und seine Berechtigung. Ich lasse Dir Deines. Du sollst es entfalten können."
Manchmal aber sprengt dieses Eigene des Kindes schlichtweg die Vorstellungskraft seiner Eltern, so wie bei Marie, Roberts jüngster Tochter.

Marie zeigt großes Interesse für Papas Beruf. Zu aller Erstaunen teilt sie die Ansicht ihrer Schwestern, dass sie keine Tiere essen wollen, weil diese doch so süß seien, nicht. Sie entwickelt früh eine ausgeprägte Kochleidenschaft – Fleisch inklusive. Mit zehn Jahren präsentiert sie der Familie ihre selbst ausgedachten Gerichte, die die Familie höflich lächelnd kostet, aber Maries Leidenschaft nicht erkennt. Mit vierzehn Jahren versucht sie den Vater für Gespräche zur Fleischverarbeitung zu gewinnen, was dieser konsequent „aus Zeitnot" ausschlägt. Natürlich entgeht Marie nicht, dass der Vater sich für Stefan sehr viel Zeit nimmt, dass er dem Sohn sein ganzes Wissen zu vermitteln versucht, während er es Marie verweigert. „Wieso er und ich nicht?", fragt sie sich und ihr Groll über die Ungerechtigkeit, über den Bruder und den Vater wächst ins Bodenlose.

Robert handelt nach seinen Vorstellungen, nicht nach dem, was er sehen würde, würde er auf seine Kinder in ernstneh-mender Weise hinschauen. So erkennt er das jeweils Eigene seiner Kinder, das, was sie ausmacht, nicht. Stefan fügt sich und nützt die Vorrangstellung zur Selbstdarstellung. Marie begehrt auf und kehrt ganz zum Unverständnis ihres Vaters der Familie den Rücken, sobald es ihr die Großjährigkeit erlaubt.

Wie Khalil Gibran in „Der Prophet" (1993) schreibt, ist das heranwachsende Wesen einer neuen, anderen Zeit zugehörig. Es in diesen, möglicherweise fremden Werten zu achten und ernstzunehmen, stellt für Eltern seit jeher eine schwiegige Aufgabe dar. Doch der Herausforderungen ist damit noch nicht genug. Indem sich ein Kind fortwährend in Entwicklung befindet, erweisen sich stimmige Antworten auf seine Gedanken und Verhaltensweisen von heute morgen schon als überholt. So gilt es als Eltern sich immer wieder neu aufzumachen, neu das Kind zu erfassen und ihm mit einer neuen Antwort gerecht zu werden.

Daraus wird ersichtlich, dass jede Ideologie, die eine vorgegebene Antwort auf jedwede Situation enthält, dem Gegenüber nicht gerecht werden kann, auch wenn es sich um an sich begrüßenswerte Absichten handelt. Demokratisches Verständnis in dem Sinn auch Vorschulkinder an allen Entscheidungen zu beteiligen, führt nicht zu Selbstständigkeit und kritischem Denken, sondern in heillose Überforderung. Seinem Nachwuchs völlig freies Gestalten ohne Leitlinie von klein auf zu ermöglichen, mündet nicht in die Fähigkeit das Leben gut zu gestalten, sondern in Orientierungslosigkeit.

In ähnlicher Weise verfehlen auch Generalisierungen – wenn auch gut gemeint – ein Ernstnehmen der jungen Person. Die für die Entwicklung narzisstischer Kinder maßgebliche Idealisierung lebt vom „Immer" und „Nie", im Sinn von „Mein Kind ist immer das beliebteste!", „Mein Kind hat nie Probleme!" Das entbehrt aber des achtsamen erkennenden Blicks und induziert eine fehlgeleitete Selbstsicht des heranwachsenden Menschen, die ihm eine adäquate Auseinandersetzung mit den Anforderungen des Erwachsenenlebens verunmöglichen. (Ebenso entbehrt ein „Du schaffst gar nichts!", „Du bist einfach nur faul!", jeder realistischen Grundlage, führt aber zu anderen Persönlichkeitsentwicklungen als der narzisstischen und ist somit nicht Gegenstand dieses Buches.)

In gleicher Weise entspricht eine immerwährende Unterstützung des ach so hilfsbedürftigen Nachwuchses nicht einem erkennenden Blick und wertschätzenden Umgang. Die Abnahme jeglicher Aufgabe und Verantwortung, das Ausbügeln jedes Fehlers dient nicht der Entwicklung des Kindes zu einem selbstständigen, sich realistisch einschätzenden Menschen. Sie führt geradewegs in die Entwicklung einer narzisstischen Persönlichkeit, die in anderen Menschen selbstverständlich zur Verfügung stehende Erfüllungsgehilfen für die eigenen Anliegen sieht (Winterhoff 2009). Unterstützung, will sie förderlich für die Entwicklung des Kindes sein, muss sich ständig am Vermögen des Kindes orientieren und sich nicht scheuen ein zeitweises Scheitern zu riskieren – eine wohl besonders harte Anforderung für die ihr Kind über alles liebenden Eltern – dessen Folge aber sowohl in einer Erhöhung der Frustrationstoleranz als auch in einer adäquateren Standortbestimmung seitens des heranwachsenden Menschen besteht.

Und schließlich bedeutet ein ernstnehmender Blick auch das Verhalten seines Kindes in seinen realen Gegebenheiten wahrnehmen zu können. Die Einstellung „Mein Kind hat immer Recht!", wenn etwas passiert, sind „immer die anderen schuld", ist damit nicht haltbar. Kinder brauchen Eltern, die für sie eintreten – gegenüber anderen Kindern, anderen Eltern, Lehrer(inne)n – wenn sie ungerecht oder schlecht behandelt werden. Sie brauchen aber auch den kritischen Blick und die kritische Stellungnahme, die ihnen eine realistische Einschätzung ihres Verhaltens vermittelt.

Einer Person gerecht zu werden, beinhaltet somit nicht nur die Wahrnehmung ihrer Eigenschaften, Fähigkeiten und Verhaltensweisen – es beinhaltet auch eine ihrem Vermögen entsprechende Einschätzung derselben, um den entsprechenden Umgang mit der Person zu finden. Einen nicht gelungenen und dem Wesen der Person nicht gerecht gewordenen Umgang kennen die meisten Menschen als Gefühl ungerecht behandelt worden zu sein. Der Bruder durfte studieren, die Schwester nicht. Das erstgeborene Kind hat das Haus erhalten, die anderen hatten das Nachsehen. Dem Nesthäkchen wurden alle Streiche nachgesehen, die älteren kassierten die Strafen. Die

Aufzählung ließe sich beliebig fortsetzen. Kaum ein Erwachsener kennt nicht den Stachel der einen oder anderen Ungerechtigkeit. Das Letztgesagte macht die schwierige Herausforderung deutlich. Wie geht eine gerechte Behandlung gegenüber anderen, vor allem gegenüber Geschwistern, zusammen mit einer Behandlung entsprechend der Eigenheit der jungen Person? Wir haben es tatsächlich annähernd mit einer Kunst zu tun. Einer Person gerecht zu werden, bedeutet, ihr den gleichen Wert zuzumessen wie anderen und sie gleichzeitig in ihrem ganz Eigenen wahrzunehmen und zu unterstützen. Zwei Beispiele können die Meisterung dieses Spagats vielleicht am ehesten veranschaulichen.

Jenny, im Alter von fünf Jahren, möchte auch den Abendfilm ansehen wie ihre ältere Schwester. „Warum darf sie das und ich nicht? Das ist ungerecht!" Darf sie den Film nicht sehen, weil sie dafür zu jung ist und in eine Überforderung geraten würde, so handeln ihre Eltern aus einem Sehen des Reifegrads ihres Kindes heraus. Aber ist es tatsächlich gerecht, wenn alle aufbleiben dürfen, nur Jenny nicht? Gerechtigkeit bedeutet nicht gleiche Behandlung, ein häufiges Missverständnis. Gerechtigkeit bedeutet einer Person den gleichen Wert, die gleiche Wichtigkeit beizumessen; das gleiche Ausmaß an Hinsehen auf ihre Bedürfnisse und die gleich starke Auseinandersetzung mit diesen, aber eben nicht die gleiche Verfahrensweise. Eine alternative Lösung könnte darin bestehen, mit Jenny einen ihrem Alter gerechten Film am Nachmittag anzusehen.

- Wertschätzung

  Damit kommen wir zum dritten Eckpfeiler für die Entwicklung eines gesunden Selbstwerts, der Wertschätzung, und der anspruchsvollsten Aufgabenstellung für Eltern. Nun werden Sie vielleicht einwenden: „Wieso? Ich schätze mein Kind! Ich lobe es bei jeder sich bietenden Gelegenheit!" Wertschätzung im existenzanalytischen Sinn meint aber anderes: Wertschätzung meint bei gleichzeitiger Wahrnehmung von Stärken und Schwächen das Erkennen des Wesentlichen, des Einzigartigen des Kindes und daraus erwachsend ein umfassendes Gutheißen seiner Person. In dem, wie sich die Person von ihrer ganz eigenen, echten Art her zeigt und sich verhält, findet sie – so das ihrem Gegenüber möglich ist – Wertschätzung für ihr Sosein. Der Einschub „so das ihrem Gegenüber möglich ist", ist von grundsätzlicher Bedeutung. Denn: Um jemanden für sein Sosein wertschätzen zu können, also nicht nach den Maßstäben eigener Vorstellung oder Anpassungen an Normen zu beurteilen, bedarf es einer gefestigten, reifen Person, die durch den tiefen Blick auf ihr Gegenüber selbst nicht in Bedrängnis gerät; und erst dadurch das Wesen der anderen Person zu erfahren vermag. Der respektvolle, tiefe Blick auf das Wesen(tliche) der Person erlaubt eine Einschätzung des Gesehenen und inkludiert somit die Beurteilung, die Stellungnahme zur anderen Person. „So wie ich dich von deinem Wesen her erlebe, schätze ich dich." Eltern können die Lebendigkeit und Lebensfreude ihres Kindes schätzen und gleichzeitig wahrnehmen, dass es öfters etwas umstößt oder mit zerrissener Kleidung nach Hause kommt. Ein(e) Lehrer(in) kann die Schüchternheit eines Kindes wahrnehmen, der zufolge dieses wenig im Unterricht preisgibt und gleichzeitig sein Bemühen, seine innere Beteiligung am Unterricht erkennen und schätzen.

Die Erfahrung, dass jemand durch die Oberfläche hindurch die Person erkennt und in ihrem Wesen schätzt, ist für die heranwachsende Person von besonderer Bedeutung. Das Erleben: „Da sieht mich jemand mit meinen Stärken und Schwächen und tritt für mich ein", kann zur tiefen Berührung führen und auch in einem schwierigen Umfeld, weil entwertend, übergehend oder missbrauchend, zum Rettungsanker für die Person werden. Ein Großvater, der sich schützend-wertschätzend vor sein Enkelkind stellt, wenn es den Vorwürfen der Eltern ausgesetzt ist, oder eine Lehrerin, die die außergewöhnliche Persönlichkeit eines / einer Jugendlichen gegenüber den überkritischen Eltern hervorhebt, können ein Leben lang in dankbarer Erinnerung bleiben.

Keineswegs ist der wertschätzende Blick auf das Wesen einer Person mit Schönfärberei zu verwechseln; mit einem ausschließlich Positives-sehen-Wollen oder einem Manipulieren des Gesehenen ins Positive. Voraussetzung für Wertschätzung ist vielmehr die Offenheit, die alles zu sehen zulässt – Stärken wie Schwächen. Das Besondere an diesem Gesamt- und Tiefenblick liegt im Erkennen des Wesentlichen, das nicht an Oberflächlichem oder an Details hängen bleibt; und gerade an der Wertschätzung des Eigentlichen der Person entsteht die Möglichkeit der Berechtigung der kritischen Rückmeldung, die dem jungen Menschen Leitlinie und Orientierung bietet.

Ein Beispiel mag die vielleicht etwas philosophisch anmutenden Ausführungen nachvollziehbar machen. Erinnern wir uns an Amelia, Lisas und Rolands begabte Tochter. Sie wird wahrgenommen in ihren Talenten und in flüchtiger Weise auch in ihrer Rechtschreibschwäche. Wo liegt das Problem? Das Problem ergibt sich aus dem in zweifacher Hinsicht reduzierten Blick. Erstens bleibt Lisa an einer oberflächlichen Beurteilung von gut und schlecht hängen. Den Stärken der Tochter wird überdimensional viel Raum eingeräumt, es wird versucht die Schwächen unter den Teppich zu kehren bzw. umzudeuten. Die Rechtschreibschwäche bedroht die Vorstellung der Eltern von einem idealen Kind, ihren idealen Genen, ihrer idealen Erziehung. Also darf keine Schwäche sein. Damit ist Amelias Eltern der Blick auf die Tochter, der anerkennt, was er zu sehen bekommt, verwehrt. Die Einstellung, das vermeintlich Schlechte nicht aushalten und nicht haben zu wollen bzw. zu können, führt in die zweite Einschränkung im Sehen von Amelia. Sie beurteilen die Tochter nach ihren erfolgsorientierten Kriterien und erreichen das Wesen ihres Kindes nicht. Das Wesentliche an diesem begabten Mädchen, das, was es ausmacht, wo seine Begabungen und seine Schwäche zusammenfließen, bleibt Geheimnis – und Amelia unerkannt.

Und dennoch! Es ist menschlich, Erwartungen zu haben, sich am Angenehmen, am Oberflächlichen, an dem, was in der

Gesellschaft anerkannt wird, zu orientieren. Gerade in Bezug auf das eigene Kind ist die Gefahr sehr groß, darin hängen zu bleiben. Kinder von heute werden oft „über alles" geliebt. Verständlich wenn Eltern das Beste für ihre Schützlinge wollen – sie wollen, dass sie glücklich und erfolgreich sind. Es liegt nahe, den Gradmesser für Liebe, Glück und Erfolg in gesellschaftlichen Vorgaben zu suchen und diesen an das Kind anzulegen. Aber ist mit dieser Sichtweise das Wesen zu erreichen? „Hier ist es entscheidend, ob die Eltern in der Lage sind, ihre Gefühle und Reaktionen auf das Kind als *ihr Erleben* verständlich zu machen, gerade auch wenn es um elterliche Bedürfnisse geht, etwa: „Ich ängstige mich um dich, weil ich es schwer aushalten kann, wenn dir etwas zustoßen würde", „Ich bin stolz auf dich, weil ich mich dann als gute Mutter / guter Vater fühlen kann", „Ich ärgere mich über dich, weil ich mit deinem aggressiven Verhalten viel Arbeit und Stress habe", „Ich würde gerne besser verstehen, warum du meine Bitte und Forderungen nicht erfüllst". Ein solcher Kommunikationsstil („Ich-Botschaften") macht dem Kind deutlich, was die Eltern bewegt und wie sie fühlen" (Maaz 2012: 183). Fragen dieser Art machen den hohen Anspruch an die Bezugsperson deutlich: Offenheit, Gelassenheit, Liebe für die Menschen, Spürenkönnen. Erst diese Fähigkeiten erlauben den Blick liebevoll und erkennend auf die junge Person zu richten und auf ihr ruhen zu lassen, der schließlich ihr Wesen freigibt. Im Erkennen dessen, was die Person ausmacht, wird manchmal, in stillen Momenten, das Wunder, das sie darstellt und das sie ins Leben bringt, spürbar.

Ein solcher Blick erwächst vor allem aus einer Haltung heraus und hat wenig mit Aussagen und Handlungen, wie etwa ein Kind loben oder mit Süßigkeiten zu belohnen, gemein. Um zu einer Haltung zu finden, die das Kind sehen kann in dem, was ganz seinem Eigenen entspricht, sind Zeit und innere Ruhe besonders von Bedeutung: Sich hinsetzen, das Kind bei seinem Tun beobachten, es auf sich wirken lassen – absichtslos, eigene Vorstellungen zur Seite stellend; offen seiend, für das, was da kommt.

Denn in dieser absichtslosen Offenheit für das, was sich im geduldigen Auf-sich-wirken-Lassen zeigt, könnte etwas ganz anderes sichtbar werden als erwartet, als erhofft. Genau darin besteht die große Herausforderung, wenn der an Effizienz orientierte Vater an seinem Sohn verträumtes, langsames Sich-ins-Detail-Versenkendes wahrnimmt; wenn die im traditionellen Frauenbild sozialisierte Mutter sich einer Tochter gegenüber sieht, die dem Bemühen um Schönheit und charmantes Für-sich-Werben eine Absage erteilt. Offenheit ist nur möglich, wenn das Wahrgenommene gehalten, ausgehalten werden kann; wenn es bei den Eltern kein Gefühl der Bedrohung hervorruft. Wobei den Eltern die Bedrohung meist nicht als Bedrohung des eigenen Seins, der eigenen Werte und Weltanschauung, sondern als Unvernunft, Faulheit, Träumerei, Undiszipliniertheit oder schlicht als Aus-dem-Rahmen-Fallen ins Auge sticht und zum erzieherischen Einschreiten aufruft.

Innere Ruhe, Zeit und Offenheit – das sind die Elemente, die das Wesen des Kindes spürbar werden lassen. Der Fokus liegt auf „spürbar". Ein solches Erspüren geschieht nicht im Kopf, nicht mit einer Analyse im Sinn von: „Mein Kind schaut jetzt in die Ferne, aha, das heißt, es ist ein Träumer." Es zerstört den eben erbauten Turm, also ist es wütend, folglich unglücklich.

Im Erspüren wird Tieferes sichtbar, Einzelnes fügt sich in größere Zusammenhänge, sodass aus einem Immer-wieder-Erbauen des gleichen Turms, mal versunken, mal ärgerlich, mal jauchzend, vielleicht ein Erspüren der Ausdauer oder der Leidenschaft des Kindes entstehen kann.

Im Zulassen dessen, was sich vom Kind her zeigt, ohne Relativierung und Manipulation, sehen wir uns mit dem schwierigsten Schritt im Hinblick auf die Wertschätzung des Kindes konfrontiert. Er setzt voraus, dass Eltern durch das, was sie sehen, nicht aus dem Gleichgewicht geraten; dass sie das Sein ihres Kindes, so wie es sich zeigt, belassen und annehmen können.

Erst durch diese Voraussetzung erschließt sich der eigentliche Akt der Wertschätzung. Im Erfassen „das ist deines, deine Art, dein Eigenes, Echtes!", kommt es zur Bejahung der Person, zur Stellungnahme: „Ja, es ist gut so wie du bist.“ Und in der Folge: „Es ist gut, wenn du diesen Weg gehst, dich darin weiterentwickelst!“ Vielleicht auch: „Wir unterstützen dich darin“, auch wenn dieser Weg der elterlichen Welt fremd ist.

Zuvor war die Rede von Wertschätzung als Haltung. Diese Aussage konzentrierte sich vor allem auf die elterliche Fähigkeit des wertschätzenden Blicks. Darüber hinaus meint Wertschätzung auch einen ebensolchen Umgang. Wie kann sich dieser gestalten? Sein zentrales Element heißt Stellungnahme. Nonverbal kommt diese auch bereits in der wertschätzenden Haltung zum Ausdruck – eben im beschriebenen wertschätzenden Blick auf das Kind.

Nun – im Umgang gilt es dem Kind konkrete Rückmeldung zu geben. Sie umfasst nicht nur das beschreibende Erleben des Kindes. Zu einer echten Stellungnahme gehört auch die Einschätzung des Wahrgenommenen, die Anerkennendes und Kritisches mit einbezieht – eine heute vielfach verpönte Sichtweise, da Einschätzung und Beurteilung mit Übergriffigkeit und Abwertung verwechselt werden. (Interessant, dass Millionen junger Menschen Wettbewerbe online oder im TV verfolgen, in denen es ausschließlich um Bewertung und Rankings von Leistungen geht, sei es in sportlicher, wissensmäßiger oder attraktiver Hinsicht – noch dazu in mehr als abwertender Form.)

Der wesentliche Unterschied zu Übergriffigkeit und Abwertung: Die von Wertschätzung getragene Haltung befähigt zum achtsamen, die Möglichkeiten des Kindes ernstnehmenden Schauen, auf dessen Basis Stimmiges und Unstimmiges erkannt und ihm zur Verfügung gestellt werden kann. So wie grenzensichernde Leitlinien die Basis für die Entwicklung des Kindes darstellen, so bilden einschätzende Stellungnahmen das Baugerüst für seinen Selbstwert. Stellungnahme im beschriebenen Sinn gestaltet sich täglich neu, denn nie ist das Kind noch das vom Vortag und nie wiederholt sich eine Situation exakt in der gleichen Weise. „So bedeutet Liebe Freilassen und Begrenzen; Bestätigen und Kritisieren – abhängig von der

Situation, in der sich das Kind befindet, und davon, welche Antwort es für sein jeweiliges Problem braucht" (Maaz 2012: 184).

Übernahme erfahrener Haltungen

Die drei Aspekte Beachtung, Gerechtigkeit und Wertschätzung bilden die Basis für die Selbstwert-Entwicklung. Sie sind der Zündfunke, die „Nahrung" von außen, um ein starkes Ich und einen soliden Selbstwert auszubilden. „Was der Person von außen zukommt, bereitet den Boden, schafft ein förderliches Klima, gibt Anregung, setzt Impulse, erzeugt jenes induktive Feld, in welchem die Person die Ich-bildenden Keime von außen und innen zusammentragen kann" (Längle 2002b: 18).
Obgleich die beachtende, ernstnehmende und wertschätzende Haltung dem / der jungen Heranwachsenden gegenüber bereits eine hohe Herausforderung für die erwachsene Betreuungsperson darstellt, ist damit die Ausbildung eines gesunden Selbstwerts noch nicht gegeben. Längle nennt es einen Zündfunken. Ohne Zündfunken kein Feuer. Der Haltung der Bezugspersonen kommt eine wesentliche Rolle zu. Aber für das Feuer eines lebendigen Selbstwerts bedarf es der Übernahme der von außen herangetragenen Haltung. In der ersten Zeit der Kindheit übernehmen Kinder die Sichtweise ihrer Bezugspersonen, ob positiv oder negativ. Mit fortschreitendem Reifungsprozess gesellt sich die eigene Wahrnehmung hinzu, die Stimmigkeiten und Unstimmigkeiten, zuerst atmosphärisch, mit der Zeit kritisch-kognitiv registriert. Allmählich blickt das Kind auf Unterschiede zu anderen Familien. Es nimmt Differenzen zwischen Rückmeldungen der Eltern und dem erweiterten Umfeld wahr.

Wächst nun ein Kind in einem Elternhaus auf, in dem es eine kontinuierliche, wertschätzende Auseinandersetzung erfährt, in dem es Begründungen für Sichtweisen hört, die es nachvollziehen und verstehen kann, so wird es ein erstes, kindlich-stabiles Selbstbild entwickeln. Im Erleben von „Das mag ich, das kann ich gut!",

und „Das liegt mir nicht so sehr", findet ein erstes Kennenlernen der eigenen Person statt. Mit Hilfe der anfänglich schützenden und Orientierung gebenden Stellungnahmen der Bezugspersonen entwickelt das heranreifende Kind ein Erspürenkönnen von Stimmigem und zur eigenen Person Gehörendem; ebenso wie das Erkennen von Unstimmigem, dessen, was nicht zu ihm passt.
Die Haltung der Eltern und der Umwelt prägen die Haltung, in der der junge Mensch sich selbst begegnet. Je stabiler und authentischer er Beachtung, Gerechtigkeit und Wertschätzung von seinem Umfeld erfahren hat, umso selbstverständlicher fällt die Übernahme dieser Haltung für die eigene Person. Aus Beachtung wird damit Selbstbeachtung. Sie ermöglicht dem heranwachsenden Menschen eine offene, aufmerksame Wahrnehmung nach außen, aber auch nach innen. Er kann sich selbst gegenüber aufmerksam sein, aber auch in einen Abstand zu sich kommen, um sich in den Blick zu nehmen und zu sehen, „das bin ich, das ist Meines und das nicht." Grenzen sind deutlich wahrnehmbar und damit eine wichtige Hürde geschafft, zumindest für sich im Inneren zu wissen, wer man ist.
Um diesem eigenen Inneren auch entsprechen zu können, braucht es einen weiteren Schritt: Menschen, die uns ernst genommen haben, sogar für uns eingetreten sind, haben den Grundstein dafür gelegt: Ihr Ernstnehmen und dieser jungen Person Gerechtwerden hat die Voraussetzung dafür geschaffen, dass diese ihr Fühlen und Denken als ernstzunehmend und wichtig erlebt. Sie hat gelernt, ihr Inneres, das sich in ihr rührt, als Gefühl, als Stimme, als Stimmung, nicht zu übergehen, sondern als Wegweisung aufzugreifen.

So entwickelt sich ein Gefühl der Authentizität, ein Gefühl, das Leben nach eigenem Gewissen und gemäß dem inneren Wesen zu gestalten, eben ein sich gerecht werdendes Leben zu führen.
Die erfahrene Wertschätzung entzündet die Fähigkeit, sich selbst wertzuschätzen. Das Erleben, dass eine Person uns in den Blick nimmt, unser Wesen erfasst und wertschätzt, gehört zu den bewegendsten Erfahrungen in menschlichen Beziehungen. „Da sieht

mich jemand und findet es gut!", initiiert beim Heranwachsenden das Erleben: Ich kann mich wahrnehmen, in allem, so wie ich bin; auch mit meinen Schwächen, denn insgesamt ist es gut. Mit fortschreitender Entwicklung kann sich der junge Mensch fragen: „Will ich das? Passt das zu mir? Sehe ich das so wie die anderen?" Der umsichtige Umgang mit ihm hat ihn gelehrt mit sich in ebensolcher Weise umzugehen. Basierend auf einer grundsätzlich wertschätzenden Sicht seiner Person wird er zur realistisch wohlwollenden Einschätzung seiner selbst befähigt – der Fähigkeit, die Eigenlob wie Selbstkritik einschließt und ein umfassendes Selbstbild entwickeln lässt.
Eingebettet in das grundsätzliche „Ja" zur eigenen Person kann eine bewusste, selbstkritische Reflexion des eigenen Erlebens und Handelns geschehen. Dieses „Ja" verleiht Gelassenheit und Festigkeit. Der Mensch weiß um sich, steht zu sich und kann sowohl der kritischen Rückmeldung von außen als auch seiner eigenen kritischen Reflexion standhalten; aber nicht nur standhalten, sondern auch in eine konstruktive Auseinandersetzung damit gehen und Erkenntnisse über und für sich gewinnen, die seiner Reifung und Entfaltung förderlich sind. Und darüber hinaus: „Je gesünder unser Selbstwertgefühl ist, umso mehr können wir andere mit Respekt, Wohlwollen, gutem Willen und Fairness behandeln, da wir sie nicht als Bedrohung empfinden" (Wardetzki 2011: 276).

Zusammenfassend können wir festhalten: Die Entwicklung eines stabilen Selbstwerts bedarf des Zündfunkens durch die Bezugspersonen des Kindes und Jugendlichen. Deren Achtung, Ernstnehmen und Wertschätzung initiiert einen Prozess, der in Selbstbeachtung, sich gerecht werden und Selbstwertschätzung mündet.

Trugbilder der Selbstwertentwicklung – der kritische Blick auf Idealisierung aus existenzanalytischer Sicht

Die Aspekte, die hier nun als Eckpfeiler einer gesunden Selbstwertentwicklung dargelegt wurden, sind auch im ersten Teil des Buches angeklungen, als es um die „Anleitung zum Narzissmus" ging. Auch dort war die Rede von Respekt, Beachtung, Raum geben, gelten lassen, Wertschätzung. Das könnte für Verwirrung sorgen und wirft die Frage nach dem Unterschied auf. Blicken wir also zurück auf die erfolgsversprechenden Zutaten für eine narzisstische Entwicklung und vergleichen wir sie mit den existenzanalytischen Faktoren einer gesunden Selbstwertentwickung.

- Ganz zu Beginn hieß es. „Stellen Sie Ihr Kind auf ein Podest!“ Wie ideal und das Kind über alles liebend erscheint dieser Ansatz! Sie erinnern sich? Alles stellen Sie in den Dienst des Kindes, Ihre physische und psychische Kraft, Ihr Denken, Ihre Fokussierung, Ihr gesamtes Handeln. Dieses wundervolle Wesen – was es zweifellos ist – steht über allen und allem, Ihren Werten und Interessen, Ihren Sorgen, denen des Partners / der Partnerin und der gesamten Familie.
  Doch gerade darin liegt die Tücke. Was so ideal klingt und heute oft so leidenschaftlich zelebriert wird, zielt in Wahrheit an Beachtung und Respekt in mehrfacher Hinsicht vorbei. Einer Eltern-Kind-Konstellation, in der die Daseinsberechtigung sowie der Lebenssinn der Eltern von der verwöhnenden Umsorgung, der perfekten Unterstützung und der Erreichung der für das Kind als wertvoll gedachten Ziele abhängen, fehlen wesentliche Voraussetzungen für eine achtende, respektvolle Beziehung. Um eine andere Person sehen und ihr begegnen zu können, bedarf es einer eigenständigen Persönlichkeit, die ihre Wesensart, ihre Werte und Ziele und ihre eigenen Grenzen kennt. Gehen Eltern ausschließlich im Leben des Kindes auf, so geschieht ein Verschwimmen der Grenzen, eine Vermischung von „Ich“ und „Du“ mit dramatischen Auswirkungen. Abgesehen von der eigenen unter- oder nicht entwickelten Eigenständigkeit und Entfaltung verhindern diese Eltern auch für ihren Nachwuchs die Möglichkeit sich zu finden und sich zu entwickeln. Die Beteiligten geraten in ein symbiotisches Gefängnis, in dem das Kind angehalten ist – und dies zumeist aus seiner Abhängigkeit heraus erfüllt – sich die Wünsche und Sehnsüchte der Eltern zu eigen zu machen.

Sein Kind beachten und respektieren zu können, bedarf also eines eigenen, festen abgegrenzten Stands. Nur aus diesem heraus, aus einer gewissen Distanz, ist der achtsam-absichtslose Blick auf das Kind möglich. Aus der Symbiose, aus dem Bedürfnis der erwachsenen Person heraus, das Kind möge das eigene Leben zum Strahlen bringen, geschieht nicht Beachtung, sondern Missbrauch. Eine idealisierende Überhöhung des Kindes zum Prinzen bzw. zur Prinzessin dient dem Eigennutz und nicht der Entwicklung des jungen Menschen.

- Apropos Grenzen. Grenzen finden, definieren und einhalten stellt sicher eine große Herausforderung für Eltern dar; eine zu große Herausforderung, wenn die eigene Persönlichkeit nicht entwickelt und klar begrenzt im Leben steht. Da kommt das Motto, die Parole „Aufhebung aller Grenzen" wie gerufen. Was bisher als leidvolles Ringen oder Scheitern in der Rolle der Erziehungsperson erlebt wurde, ist mit einem Mal zur Tugend avanciert. „Du bist mir ebenbürtig!", und noch mehr, „du weißt eigentlich besser wie Leben geht. Du bist jung, unverdorben, du stehst in einer Welt, die du besser kennst als ich, du weißt deinen Weg besser als ich!" Einstellungen und Aussagen, die ungemein respektvoll und wertschätzend klingen! Jedoch bei genauerer Überlegung zeigt sich die Notwendigkeit einer differenzierteren Sichtweise. Ja, ein Kind ist gleich an Wert gegenüber einer erwachsenen Person. Ja, es ist mit Respekt zu behandeln! Ja, es verfügt über Fähigkeiten, die Erwachsenen schwerer fallen, Spontaneität zum Beispiel, das Leben im Hier und Jetzt. Aber Gleichwertigkeit entspricht nicht Gleichheit. Es verfügt nicht generell über das gleiche Wissen wie seine Eltern. Es kommt auf diese Welt abhängig, schutzbedürftig und angewiesen auf kompetente Anleitung. Geborgenheit allein befähigt es nicht, in diesem Leben seinen Platz zu finden. Es braucht Menschen, die es langsam – seinem Vermögen gemäß – an die Herausforderungen des Lebens heranführen. Dazu braucht es einen genauen Blick, der das Kind in seiner Art, in seinem jeweiligen Können und in seiner Bedürftigkeit wahrnimmt. Dieser befähigt den erwachsenen Menschen zu einem das Kind ernstnehmenden Umgang; einem Umgang, der auch die mitunter konflikthafte Auseinandersetzung nicht scheut und den Unmut des Kindes aushalten kann, wo das Schutz- und Orientierungsbedürfnis das erfordert. Eine Grenze in Form eines „Nein", einer kritischen Rückmeldung, stellt in diesem Kontext einen Schutzrahmen dar, der dem jungen Menschen Sicherheit bietet. Im Schutz eines solchen Raums wird der Realitätsbezug geschärft (was ist machbar, was nicht, etwa bezüglich finanzieller Möglichkeiten der Eltern oder des Selbstständigkeitsgrades des Kindes). Es wird der Umgang mit anderen (was bedeutet respektvolles Umgehen, was ist beziehungsfördernd und was nicht) gelernt sowie die Fähigkeit zu Stellungnahme und die Frustrationstoleranz gefördert.

Von der erwachsenen Person verlangt eine Grenzsetzung gutes Stehvermögen und ein klares Bewusstsein ihrer Führungsverantwortung – eine hohe Anforderung, der nicht einfach nachzukommen ist. Ist sie selbst noch in Bedürftigkeiten aus ihrer Kindheit gefangen, wird ihr dies nicht möglich sein. Kohut (2018) unterscheidet hier mehrere Formen einer elterlichen Unfähigkeit der Grenzziehung: Eltern, die ihr Kind nicht frustrieren wollen, weil sie selbst nicht frustriert werden wollen; Eltern, die durch Neid auf die Triebbefriedigung des Kindes (Anmerkung der Autorin: lautes Singen, Hüpfen, etc.) und die daraus folgende, nicht zugelassene Aggression in eine Lähmung hinsichtlich der Grenzsetzung verfallen sowie Eltern, die sich bei einem „Nein" vor dem Ärger des Kindes fürchten, weil sie die Verschmelzung mit dem Kind nicht aufzugeben bereit sind.

Einem Kind Anleitungen und Rückmeldungen vorzuenthalten – auch bisweilen in Form einer Grenzsetzung – und es ungeachtet seines Alters alles machen und entscheiden zu lassen, manövriert es in Überforderung und Orientierungslosigkeit. Eine solche Haltung entspringt elterlicher Unreife und ist keinesfalls mit Beachtung und dem Kind gerecht werden zu verwechseln. Das Kind bei Gestaltungen und Entscheidungen sich selbst zu überlassen, heißt: es im Stich lassen. Ein Scheitern hinsichtlich seiner Lebenstüchtigkeit und Fähigkeit Verantwortung zu übernehmen wird mit hoher Wahrscheinlichkeit die Folge sein (Winterhoff 2008).

- Ähnliches gilt, wenn alle nach des Kindes „Pfeife tanzen", womit wir beim dritten Aspekt für die Förderung des Narzissmus angelangt sind. Sowohl hier als auch bei der „Aufhebung aller Grenzen" beobachten wir einen nicht gestaltenden Erwachsenen. Doch während er in der fehlenden Grenzsetzung „lediglich" die Konfrontation scheut, wird er gänzlich zum Spielball des Kindes, sobald er „nach seiner Pfeife tanzt". Ein Erwachsener, der reflexartig den Wünschen des Kindes nachkommt, handelt nicht als erwachsene Person. Die reife erwachsene Person ist zur Reflexion über den besten Umgang mit dem Kind und der Situation befähigt. Hier aber fehlt nicht nur Standfestigkeit, innerer Raum und Distanzierungsfähigkeit, deren es bedarf, um reflektieren zu können: „Passt das? Ist das gut für mein Kind? Kann ich das gewährleisten? Bleibt etwas auf der Strecke?", hier fehlt dem Erwachsenen die Orientierung aufgrund eigener Bedürftigkeit und Verletztheit, es fehlt ihm die Stärke das Kind zu begleiten. Möglicherweise drängen eigene schmerzvolle Erfahrungen diesen Erwachsenen zu einer vermeintlichen Wiedergutmachung der Verletzung. Diese beinhaltet zum einen selbst eine bessere Mutter/ein besserer Vater zu sein und dem Kind den selbst erfahrenen Schmerz um jeden Preis ersparen zu wollen, zum anderen soll die maximale Wunscherfüllung jedwede Disharmonie verhindern und als Ersatz für den eigenen Schmerz eine ideale Eltern-Kind-Beziehung sicherstellen.

  Ein bedürftiger Erwachsener kann seinem Kind nicht als Erwachsener begegnen und ihm nicht begleitende Anleitung geben. Vielmehr benutzt er, unbewusst, sein Kind, in der Absicht eigenes Leid zu heilen. Winterhoff (2008) sieht einen solchen Erwachsenen in einer Symbiose mit dem Kind verstrickt, in der er auf das Kind unreflektiert und reflexartig reagiert, so als sei es ein Körperteil von ihm. Die oberflächliche Betrachtung,

wonach das Mitgehen mit den Stimmungen und Wünschen des Kindes einem Ernstnehmen und einer Wertschätzung entspringt, entpuppt sich schlichtweg als Missbrauch.
Ein Kind bemerkt insgeheim die fehlende Auseinandersetzung; wenngleich der kleine Sonnenschein vorerst beziehungsweise zwischendurch zufrieden bis triumphierend auf die allzeit willige Gefolgschaft seiner Bezugspersonen reagiert. Allmählich jedoch schleichen sich unmäßige Forderungen, willkürliches und wütendes Beharren des nun nicht mehr so sonnigen Sonnenscheins ein. Obwohl die Eltern alles tun, um seinem Willen nachzukommen, erweist er sich zunehmend unzufrieden mit deren Versuchen. Eine über das gesunde Maß hinausgehende Verwöhnung suggeriert dem Kind, Erwachsene würden naturgemäß all seine Wünsche erfüllen, sodass ein Gefühl für die Grenzen des eigenen Wollens und damit für Realität nicht entwickelt werden kann (Winterhoff 2009).
Was geschieht hier nun? Das Kind spürt instinktiv: „Ich werde nicht gesehen, so wie ich bin; man nimmt sich nicht die Zeit sich wirklich mit mir auseinanderzusetzen, zu verstehen was ich für meine Entwicklung wirklich brauche." 20, 30 Jahre später beklagen diese Menschen als Erwachsene das Verhalten ihrer Eltern als mangelndes Interesse.

- Ein ähnliches Gefühl beschleicht häufig, aber nicht immer, die Sprösslinge aus Familien mit dem Credo: „Wir sind die Besten!" „First class or no class" nennt Wardetzki die Metapher für ein derartiges Perfektionsstreben und fügt hinzu: „Je mehr wir uns selbst verloren haben, umso mehr müssen wir in Extremen leben, um uns überhaupt noch zu spüren" (Wardetzki 2011: 9). Generalisierende Aussagen wie diese entbehren wie bereits erörtert immer der Realität. Niemand verfügt über zeitlich und situativ unbegrenzten Erfolg. Ein solcher familiärer Glaubenssatz lehrt Kinder an der Wahrheit der Menschheit, ihrer Familie, und erst recht ihrer ganz eigenen vorbeizuleben. Die Folgen der Realitätsverkennung können zweierlei Formen annehmen:
  1. Die Tochter, der Sohn übernimmt, dank entsprechender Erfolgserfahrungen in der Umwelt, das Credo der Eltern

und hebt in der Selbstsicht in unbezweifelbare Großartigkeit ab. Sie und er identifizieren sich mit dem vorgezeichneten Ideal. Doch „Perfektionismus verhindert jeden natürlichen Stolz und erlaubt keine wirkliche Entspannung und Erholung“ (Maaz 2012: 23). Konsequenz: Man verliert Erdung, findet nicht zur eigenen Person und ist einer realistischen Selbsteinschätzung und Wertschätzung nicht mächtig.

2. Das Kind gerät unter Druck, weil es dem Ideal gefühlsmäßig oder real nicht entsprechen kann, ihm aber entsprechen muss. In diesem Fall nimmt die junge Person zumindest eine Diskrepanz zwischen der Familienüberzeugung und dem eigenen Vermögen wahr und der Zweifel, von dem schon mehrfach die Rede war, meldet sich ganz direkt zu Wort. In erster Linie lässt der Zweifel das Kind an sich selbst zweifeln, im Hintergrund aber entsteht das Gefühl in seinem Wesen nicht wahrgenommen und konsequenterweise auch nicht als das, was es ist und was es brauchen würde, ernst genommen worden zu sein. Der Zweifel nährt die Ahnung, dass der Glaubenssatz der Eltern den Blick verstellt hat und entlarvt das allzeit präsente, dauerhaft geäußerte Lob als leere Hülse einer Pseudowertschätzung.

Der zweite Fall bedeutet den leidvolleren Weg für Kindheit und Jugend, erleichtert aber durch die Bewusstheit der Diskrepanz einen späteren Bearbeitungs- und Ablöseprozess. Der Glaubenssatz „Wir sind die Besten!“ kann eher hinterfragt und der Bedürftigkeit der Eltern sowie ihrer Sehnsucht nach Geltung für sich und ihre Kinder zugeordnet werden. Dem Trauerprozess über die nicht erfahrene Beachtung und Wertschätzung der echten, eigenen Person sowie dem Loslösungsprozess von der permanenten Verpflichtung zur Überlegenheit ist damit die Tür geöffnet.

Schwerer wiegt die erstere Problematik, wenn das Credo der Eltern aufgrund von Talent und Erfolg des Kindes langzeitig Bestätigung erfährt. Im Kind, in der jugendlichen Person, verankert sich der Glaubenssatz, die/der Beste zu sein in seinem Gehirn, wird zur Überzeugung, baut sich zur unumstößlichen Wahrheit aus. Die solcherart aufgebaute, über (fast) jeden Zweifel erhabene Blase des Narzissmus erweist sich überaus resistent gegenüber einer Hinterfragung und einer realistischen Wahrnehmung. Je später die Realität durch eine Zurückweisung oder einen Misserfolg in das Leben des Heranwachsenden oder bereits erwachsenen Menschen hereinbricht, umso tiefer stürzt er aus dem vermeintlichen Olymp. Der Weg bis zur Entlarvung des Familienmottos als Bollwerk der Eltern gegen ihre eigenen Ängste vor Versagen und Scheitern ist ein langer – falls er überhaupt begehbar wird.

Unterziehen wir nun das Credo „Wir sind die Besten!" einer Prüfung hinsichtlich unserer Selbstwert aufbauenden Eckpfeiler Beachtung – Ernstnehmen – Wertschätzung. Beachtung im Sinne von Registrieren des Kindes, ihm einen Platz geben in der Familie, scheint mit dem Glaubenssatz „Wir sind die Besten!" noch nicht in Mitleidenschaft gezogen worden zu sein. Beim Aspekt Ernstnehmen des Kindes, ihm gerecht werden, gerät das Credo bereits ins Wanken. Kann ein Kind, eine Familie immer und in jeder Hinsicht zu den Besten gehören? Ist von einem Ernstnehmen zu reden, wenn über sein vielfältiges Wesen mit Stärken und Schwächen, Speziellem und Allgemeinem das Etikett „Beste(r)" verhängt wird? Was passiert, wenn die Tochter verzagt aus der Schule heimkommt, weil sie die Freundinnen von einem geheimen, aufregenden Vorhaben ausgeschlossen haben? Oder der Sohn mit der Nachricht am Mittagstisch aufwartet, dass der Klassenlehrer ihm empfohlen habe, nach der Unterstufe in eine leichtere Schule zu wechseln, um sich nicht weiterhin so plagen zu müssen? In „Wir sind die Besten!"-Familien werden Eltern, wie wir schon aus den ersten Kapiteln wissen, ganz rasch die Freundinnen als dumm abtun, auf die ihr Töchterlein wohl nicht angewiesen sei, beziehungsweise den Lehrer als inkompetent hinstellen, der die Talente ihres Prinzen einfach noch nicht erfasst habe.

Aber wohl kaum ein Kind würde sich bei einer solchen Vorgangsweise wirklich ernst genommen fühlen, auch wenn der Nachwuchs zu den elterlichen Beschwichtigungen und Tröstungen schweigt. Innerlich spürt er: „Die sehen meinen Kummer nicht. Die verstehen nicht, was das für mich bedeutet. Für meine Eltern ist das damit gegessen, aber für mich? Was mach ich jetzt?" Kinder erleben sich in einer solchen Situation unverstanden und allein gelassen; in einer Situation, in der sie den offenen Austausch mit den Eltern und darauf aufbauend Hilfestellungen in Form von Angeboten und nicht durch Abwertung anderer bräuchten.

Vermag die Haltung „Wir sind die Besten!" dem heranwachsenden Menschen im Ernstnehmen seiner Bedürfnisse, Ansichten und Anliegen nicht gerecht zu werden, so gilt das umso mehr für die dritte Ich-bildende Bedingung, die Wertschätzung. Die Wertschätzung für diesen Menschen, für sein Sosein, ist ohne den Raum gebenden, phänomenologischen Blick, in dem sich sein Wesen, „das Authentische, das zutiefst Eigene" (Längle 2002a: 17) zeigen kann, nicht denkbar. Einfach formuliert: Wofür kann ich jemanden schätzen, wenn ich ihm / ihr, statt hinzusehen, das Etikett „Beste(r)" verpasse?

Selbst wenn die Eltern ihr Kind ganz zu Recht für seine Gaben außerordentlich loben, indem sie ihm immerzu die Siegerposition in seiner Umgebung unterstellen, nehmen sie es nicht als Ganzes, in seinem Wesen wahr – mit der verheerenden Auswirkung, dass das Kind die Wertschätzung der Eltern insgesamt in Frage stellen wird. Eltern fragen sich dann oft verzweifelt, weshalb ihr mittlerweile erwachsen werdender Nachwuchs ihnen Geringschätzung unterstellt, wo sie ihn doch so viel und so sehr gelobt haben.

- Eine ganz ähnliche Wirkungsweise entfaltet schließlich unsere Zutat „Es gibt kein Problem / alles ist wunderbar".

Kinder sind wunderbar – keine Frage. Der Mensch an sich ist ein Wunder, ebenso wie die Existenz der Erde. Aber wer würde ernsthaft behaupten, dass alles, was auf dieser Welt, im eigenen Land oder in der Familie geschieht, wunderbar ist? Damit steht eine solche Welt- und Lebensvermittlung von Anfang an auf wackeligen Beinen, weil sie des realistischen Bodens entbehrt. Denn so sehr Eltern auch bemüht sind, ihrem Sprössling eine ideale, harmonische Welt zu vermitteln, sobald er mit anderen zusammentrifft, also schon im Kindergarten, macht er unweigerlich auch gegenteilige Erfahrungen. Auch beliebte Kinder mit vielen Freunden erleben hie und da Zurückweisung, mitunter Abwertung oder sogar Grausamkeiten, und immer werden sie Augenzeugen von Leid und Ungerechtigkeit in ihrer Umgebung: bei anderen Kindern, anderen Familien oder im Fernsehen. Die Eltern vermitteln: „Du bist wunderbar – das Leben ist wunderbar – alles ist wunderbar!" Aber das Kind erlebt gerade eine Ungerechtigkeit, beobachtet das Leid eines anderen Kindes. Harmoniebedürftige Eltern mag die verstörende Wirkung für ihr Kind nicht bewusst sein. Lange Zeit hat es den Anschein, dass dieses Kind sich mit der Sicht der Eltern identifiziert. Dennoch erspürt es intuitiv die Diskrepanz zwischen dem elterlichen Credo und seiner Umwelt. Egal wie sein Abwehrmechanismus gegen diese Wahrnehmung aussieht und wie lange er aufrechterhalten werden kann, der Zweifel an seiner Wahrnehmung, später auch an der Wahrnehmung der Eltern, setzt sich fest.

Für ein Kind ist ein unklarer oder widersprüchlicher Boden ein schwankender Boden. Was gilt? Was ist real? Ohne sicheres Vertrauen in die Wahrnehmung und Urteilskraft der Eltern entwickelt sich kein stabiles Vertrauen in die eigene Wahrnehmung und Urteilskraft. Selbstsicht und Weltsicht bleiben fragil. Der so positiv anmutende Familiengrundsatz initiiert keinen gesunden, starken Selbstwert, sondern seine Schwächung, denn schon beim Schulkind geschieht eine „subversive" Infragestellung der positiven Sichtweise aus dem Unbewussten. Dieses hat präzise erfasst, dass es dem elterlichen Urteil der Wunderbarkeit an vorangegangener Auseinandersetzung mit sich, ihrem Kind und der Welt fehlt; dass die glorifizierenden Aussagen nicht einem

Erkennen des Eigentlichen entstammen, sondern dem Bedürfnis nach Sicherheit, Stabilität und Harmonie. Weder Beachtung im Sinne der genauen Wahrnehmung noch ernst nehmen des Wahrgenommenen sind damit gegeben. Von Wertschätzung kann demgemäß gar nicht gesprochen werden.

So zeigt sich: Die aktuell häufig praktizierten und mit „Erfolgsgarantie" für einen überzeugten Selbstwert belegten Umgangsweisen mit Kindern halten einer kritischen Prüfung nach existenzanalytisch-anthropologischen Kriterien nicht stand. Nur der schnelle, oberflächliche Blick, der unserer Gesellschaft mittlerweile so vertraut ist, kann suggerieren, durch Überlegenheit, Grenzenlosigkeit und Negierung von Problematischem oder verabsolutiertem positiven Denken zu einem guten – im Sinne von erfülltem – Leben zu gelangen. Unterstützung erfährt dieser oberflächliche Blick durch „narzisstische Überdosierungen" (Haller 2013: 22), durch eine gesellschaftlich allgegenwärtige, auf Grandiosität fokussierte Selbstsicht und Selbstdarstellung, die jedem Gegenwind entgegenzutreten weiß. Die narzisstische Persönlichkeit ist Meisterin dieses Oberflächen- und Grandiositätsblicks.

Vorbeugende Maßnahmen

Abschließend soll der Prophylaxe gegen eine Narzissmusentwicklung entsprechend den Eckpfeilern für einen gesunden Selbstwert und unter besonderer Beachtung möglicher Fallstricke Raum gegeben werden. Dazu sollen Aspekte angeführt werden, die in vielen Therapiestunden Thema sind und die hier in Form einer „Dos und Don'ts"-Liste – leicht überblickbar, quasi als Spickzettel – Hilfestellung geben sollen, natürlich ohne Anspruch auf Vollständigkeit zu erheben. Daran im Anschluss sind Fragen zur Reflexion aufgelistet, wenn Sie dem einen oder anderen Verhaltensmuster im Umgang mit Ihrem Kind näher auf den Grund gehen möchten.
Wir folgen dabei wieder den schon beschriebenen „Bausteinen" für eine gesunde Selbstwertentwicklung und so endet dieses Buch in klarem Gegensatz zu seinem Titel und seinem Anfang.

Achtung / Respekt

Dos:

- Grundvoraussetzung für Achtung / Respekt: Zeit und Aufmerksamkeit! Nicht immer und ständig, aber wenn, dann echt und ganz.
- Reden Sie mit Ihrem Kind! Das Sprichwort „Reden ist Silber, Schweigen ist Gold", trifft hier nicht zu. Erklären Sie Ihrem Kind die alltäglichen Dinge, die große Welt und ihre Vorgaben – in einer Sprache, die es versteht.
- Lassen Sie Höflichkeit in Ihrer Familie walten, auch wenn diese ein wenig aus der Mode gekommen ist. Ein „Bitte, Danke, Guten Morgen", macht Ihrem Kind Respekt vor anderen zugänglich. Wenn Sie nun einwenden, das sei ja Dressur und unecht, dann machen Sie sich deutlich wie Sie das Fehlen von Höflichkeit im Umgang Ihrer Freunde und Kollegen mit Ihnen erleben würden.
- Vermitteln Sie Ihrem Kind den Wert der Rücksichtnahme. Bringen Sie ihm die Fähigkeit des Kompromisses bei – im

Wissen, dass ein Kind, das immer Vorrang hat, Ihnen bald mit seinem Egoismus das Leben schwer machen wird.

- Pflegen Sie die Kunst der authentischen Entschuldigung. Ihr Vorbild wird wahre Wunder wirken.

Don'ts:

- Hüten Sie sich vor Sarkasmus und Lächerlichmachen! (Fast) jeder schreit einmal, aber vor unkontrollierter Aggression sollten Sie sich hüten und eher einen Therapeuten aufsuchen!
- Eine Pseudo-Beachtung ist keine Beachtung. „Ja, ja", so nebenbei, bedeutet für Ihr Kind nicht wichtig zu sein.
- Benützen Sie Ihr Kind nicht als Ausrede, egal ob Sie damit einen unliebsamen Termin vermeiden oder eine Schwäche von sich (z.B. Unpünktlichkeit) zu erklären versuchen. Sie bedienen damit, wenn auch unreflektiert, einen Narzissmusverstärker: Ihr Kind erfährt sich gleichzeitig als wichtig und benützt.

Fragen zur Reflexion:

- Halte ich mich prinzipiell für einen respektvollen Menschen?
- Wie zeige ich anderen meine Achtung, meinen Respekt? Habe ich schnell einmal das Gefühl, missachtet zu werden – weiß ich, woher das kommt?
- Kann ich Menschen Raum geben, ihnen zuhören? Lässt mir der Alltagsstress noch Zeit für echte Gespräche; für das Wahrnehmen von Freude, Nähe, Verbundenheit? Oder bin ich so eingespannt, dass alles im Eiltempo nur noch aufs Funktionieren ausgerichtet ist?
- Wie rede ich über andere, kommt da eher das Kritische zum Zug, vielleicht Abwertung? Habe ich schon einmal nachgedacht, weshalb ich das tue?
- Kann ich mich in dem, was ich meine und fühle, zumuten im Vertrauen auf einen respektvollen Umgang mit mir? Oder muss ich es verstecken, manipulieren und andere Begründungen vorschieben?

Dos:

- Geben Sie Ihrem Kind nicht nur einen eigenen Raum in Form eines Zimmers, geben Sie ihm auch Raum für Geheimnisse, für Rückzug bei Kummer und Streit.
- Seien Sie Vorbild und beanspruchen Sie auch Raum für sich.
- Lernen Sie das Wörtchen „nein". Es schützt Ihr Kind nicht nur vor Gefahren, es lehrt es auch das Recht anderer auf Raum anzukennen und verhindert seine Entwicklung zu ausufernder Grenzenlosigkeit.
- Ermutigen Sie auch Ihr Kind „nein" zu sagen, wo es sonst in seinem Eigenen, Intimen, in seiner Würde verletzt werden könnte.

Don'ts:

- Hüten Sie sich vor „alles wie du magst mein Liebling" und Laissez-faire – im Glauben damit Ihr Kind besonders gut zu behandeln. Sie manövrieren es lediglich in einen Zustand der Orientierungslosigkeit, in dem es sich und die Welt nicht greifen kann.
- Absolute No-Gos: das Betreten des Zimmer Ihres Teenagers, obwohl die Tür verschlossen ist oder sogar ein Schild mit „Betreten verboten" an der Tür hängt; ein Hereinstürmen ins Badezimmer bei verschlossener Tür, das Durchwühlen seiner Gegenstände, das Lesen des Tagebuchs.
- Zurück zu den ganz Kleinen: schlafen Sie nicht dauerhaft mit Ihrem Kind im Bett. Die Gefahr der symbiotischen Fixierung oder dass es sich zum Partnerersatz entwickelt, steht ins Haus.

Fragen zur Reflexion

- Habe ich Raum für mich oder tanze ich unentwegt um mein Kind herum? Bekomme ich Schuldgefühle, wenn ich einen Wunsch nicht erfülle? Fühle ich mich als schlechte(r) Mutter/Vater, wenn ich „nein" sage? Denke ich: „Das kann ich meinem Kind doch nicht antun – es soll es doch immer gut haben?“ Wenn ich so überlege, versuche ich damit etwas aus meiner eigenen Kindheit wettzumachen / gutzumachen?

- Wenn ich mein Kind nicht aus den Augen lassen will (zum Beispiel niemand sonst auf es aufzupassen vermag, es bei niemand anders einschlafen kann, es besser nicht mit den Nachbarskindern spielt), gibt es dafür andere Gründe, als es nur beschützen und umsorgen zu wollen? Geht es da vielleicht darum, meine Daseinsberechtigung oder meinen Lebenssinn zu erhalten? Oder vielleicht Ängsten, der Konfrontation mit den Schwierigkeiten des Lebens auszuweichen und die Fürsorge für das Kind vorzuschieben? Gehe ich etwa täglich mit meinem Kind zu Bett, um die Zweisamkeit mit meinem Partner zu vermeiden? Erkläre ich Freunden laufend, dass mein Kind mich derzeit dringend braucht, weil ich einen anstehenden Konflikt mit ihnen vermeide?

Ernstnehmen / Gerechtwerden

Dos:

- Auch hier gilt: Zeit und Gelassenheit sind die Basics fürs Ernstnehmen. Nehmen Sie sich zehn Minuten Zeit nach Job, Heimfahrt und Einkauf nur für sich, um „runterzukommen“ – im Bad, im Schlafzimmer, wo auch immer. Dann erst darf die „Rasselbande“ hereinstürmen. Kinder berücksichtigen Ihren Raum – wenn Sie aus Überzeugung dazu stehen.
- Die Krone des Ernstnehmens: Unvoreingenommenheit! Werfen Sie Ihre verkrusteten oder familiären Vorstellungen über Bord, damit Sie Ihr Kind in den Blick bekommen. Machen Sie sich klar: Ihr Kind denkt anders, fühlt anders, erlebt Dinge anders als Sie. Ja, freuen Sie sich, dass es anders ist als Sie! Das bringt frischen Wind in Ihr Leben.
- Seien Sie zurückhaltend damit, Ihr Kind in Ihre beruflichen Schienen hineinzumanövrieren!

  Haben Sie immer auch einen Blick auf das Alter Ihres Kindes und seine speziellen Stärken und Schwächen, damit Sie es nicht über-, aber auch nicht unterfordern.

Don'ts:

- Ein großes Missverständnis in Sachen ernst nehmen: alles zulassen, alles erlauben, das Kind alles entscheiden lassen. Ebenso entspringt das Ausbügeln jedes Fehlers und ein Beschützenwollen vor jeglicher Unbill einer eigenen Bedürftigkeit und ist der Entwicklung Ihres Kindes keineswegs förderlich.
- Vermeiden Sie überschwängliches Reden, wenn Sie es nicht zutiefst so meinen; zum Beispiel: „Das ist aber eine wunderschöne Zeichnung!", wenn Sie sich fragen, was das wohl sein soll. Mit Fragen sind Sie ernstzunehmender unterwegs.
- Auch süßliche Kindchen-Sprache wird bei Ihrem Kind, sobald es aus dem Kleinkindalter heraus ist, als kleingemacht und nicht ernst genommen werden ankommen.
- Belehrungen von oben herab dienen vielleicht Ihrem Ego aber sicher nicht Ihrem Kind.
- Streichen Sie „Immer" und „Nie" aus Ihrem Wortschatz – Zuordnungen dieser Art werden Ihrem Kind weder in seinen Stärken noch in seinen Schwächen gerecht.

Fragen zur Reflexion

- Wie geht es mir, wenn ich höre „ein Kind ernst nehmen?" Welche Gedanken, Gefühle, Erinnerungen kommen in mir auf?
- Kann ich eigentlich aushalten, tolerieren, annehmen, was mein Kind so sagt und tut?
- Kann ich es aushalten und es ernst nehmen, wenn es „unrund", traurig ist oder Probleme hat? Probleme, die ich vielleicht nicht nachvollziehen kann? Oder im Gegenteil Probleme, die ich selbst nur allzu gut kenne und die mich an eigene dunkle Stunden erinnern?
- Bin ich stark genug, meinem Kind Leitfigur zu sein, einzustehen für meine Vorgaben und Entscheidungen und damit Verantwortung für das Geschehen zu übernehmen? Halte ich mich für so standfest? Kann ich auch den manchmal ausufernden Willensbekundungen meines Kindes ein Gegenpart sein; wenn nötig auf Leitlinien für seine und meine Orientierung (in ruhiger Weise) zu beharren?

- Ist es mir möglich etwas zu revidieren, zu relativieren, einen Fehler einzugestehen? Kann ich mich entschuldigen?

Wertschätzung

Dos:

- Betrachten Sie manchmal, in einem stillen Moment, das Wunder, das sich in Ihrem Kind offenbart.
  Wenn Sie Ihren Blick kritisch nach innen richten, ist es Ihnen möglich Ihr Kind insgesamt zu bejahen, in seiner Besonderheit zu schätzen, auch wenn es Schwächen zeigt oder Ihren Vorstellungen nicht entspricht? Wenn Sie es insgesamt gutheißen, steht einem Stellungnehmen zu Ihrem Kind nichts mehr im Wege. Ihr Kind braucht Ihre Rückmeldung, um sich selbst finden zu können.
- Deklarieren Sie, was Sie gut finden und was Sie für problematisch halten oder wenn Sie schlichtweg anderer Meinung sind. Unter der Prämisse einer annehmenden Haltung schenken Sie Ihrem Kind Orientierung und die Voraussetzung für einen realistischen Selbstwert.

Don'ts:

- Es ist ein Irrtum zu glauben, Ihr Kind sei nur dann ein gutes Kind, wenn es zu hundert Prozent Ihrer Erwartung entspricht. Schwarz-weiß Denken verhindert jede liebevoll-wertschätzende Beziehung. Vermeiden Sie den Vergleich mit anderen; egal ob mit Schulgefährten oder der Urgroßmutter! Ihr Kind ist nicht vergleichbar!
- Verabschieden Sie sich vom ständigen Hervorheben und einem „Über-den-grünen-Klee-Loben“ Ihres Kindes. Sie können sicher sein, dass es auf die Unstimmigkeit (unbewusst) reagiert. Drücken Sie keine Wertschätzung aus, wenn Sie sie nicht ehrlich meinen. Ihr Kind spürt das!
  Egal ob Sie Ihrem Kind mit süßlichen, angstmachenden oder sich als Opfer darstellenden Worten zu einem bestimmten, Ihnen genehmen Verhalten bringen wollen – es handelt sich

schlicht um Manipulation und somit um ein Verhalten, das Ihrem Kind mehr Schaden zufügt als direkte Abwertung.

Fragen zur Reflexion:

- Kann ich meinen Blick liebevoll auf meinem Kind ruhen lassen? Kann ich es in seiner Einzigartigkeit spüren in solchen Momenten? Was spüre ich tief in mir, wenn ich es auf mich wirken lasse? Kann ich „ja" sagen zu dem, was ich sehe und spüre? Empfinde ich manchmal Dankbarkeit?
  Kann ich mit meinem Kind in einen Austausch gehen, zu dem, was ich wahrnehme? Kann ich meine Meinung sagen?
- Wie geht es mir mit wertschätzenden Äußerungen überhaupt? Kommen sie mir leicht oder schwer über die Lippen – oder gar nicht?
- Wie halte ich es mit Kritik? Kenne ich eigentlich wertschätzende Kritik? Oder bedeutet Kritik für mich immer Abwertung, weshalb ich sie vermeide?
- Was kann ich besser: Zustimmung äußern oder Kritik? Habe ich schon einmal überlegt, woher das kommt?

Soweit einige Anregungen und Reflexionen zur Unterstützung der kindlichen Persönlichkeitsentwicklung.
Wie wiederholt veranschaulicht, besteht in Kindheit und Jugend eine große Abhängigkeit von den Eltern. Zu ihnen haben wir alle am Beginn unseres Lebens die stärkste Bindung. Durch sie geschieht die erste Vermittlung der Sicht auf sich selbst und die Welt. Durch die Bindung an sie sind wir am offensten für die Übernahme von ihren Einstellungen, Sichtweisen und Haltungen. Es ist die Zeit, in der Kinder auch am gefährdetsten dafür sind ihr Eigenes nicht entwickeln zu können, wenn Eltern dies nicht zu unterstützen wissen. Deshalb gilt gerade in dieser Zeit das Augenmerk der Balance zwischen Bestärkung und Grenzziehung.
Es gibt Mittel und Wege, um junge Menschen an der Falle des Narzissmus vorbeizuführen – auch in unserer Zeit des Strebens nach immer Höherem. Dabei geht es nicht um die perfekte Er-

ziehung. Eine solche Absicht wäre der Inbegriff des narzisstischen Anspruchs und wir würden uns bei den alles so gut meinenden Eltern zu Beginn des Buches wiederfinden.

Niemand wird immer alles richtig machen. Die schon an früherer Stelle erwähnte Erkenntnis der Säuglingsforschung möchte ich hier nochmals in Erinnerung bringen und Ihnen als Ermutigung mitgeben: Es geht nicht darum die perfekte Mutter, der perfekte Vater zu sein, sondern einfach überwiegend gut.

Bibliographie

Andersen, Christian (1963): Märchen. Wien-Heidelberg: Ueberreuter.

Bradshaw, John (1997): Familiengeheimnisse. Warum es sich lohnt, ihnen auf die Spur zu kommen. München: Kösel.

Bandura, Albert (1994): Lernen am Modell. Ansätze zu einer sozial-kognitiven Lerntheorie. Stuttgart: Klett-Cotta.

Bauer, Joachim (2008): Prinzip Menschlichkeit. Warum wir von Natur aus kooperieren. München: Heyne.

Buber, Martin (2008): Ich und Du. Stuttgart: Reclam.

Buschmann, Ingrid (2007): Der geniale Faulpelz. Warum Kinder lernen – manche aber nicht. Wien: Ueberreuter.

Canakakis, Jorgos (1993): Ich sehe deine Tränen. Trauern, Klagen, Leben können. 8. Auflage, Stuttgart: Kreuz.

Dilling, Horst; Mombour, Werner; Schmidt, Martin H. (2000): Internationale Klassifikation psychischer Störungen. 4. Auflage, Bern, Göttingen, Toronto, Seattle: Kreuz.

Drexler, Helene (2011): Maskentanz. Wie Menschen ihr wahres Gesicht verstecken. Wien: Goldegg.

Fengler, Jörg (1996): Konkurrenz und Kooperation in Gruppe, Team und Partnerschaft. München: Pfeiffer.

Fiedler, Peter (1995): Persönlichkeitsstörungen. 2. Auflage, Weinheim: Beltz.

Fromm, Erich (1990): Haben oder Sein. Die seelischen Grundlagen einer neuen Gesellschaft. 19. Auflage, München: dtv.

Gaschler, Katja; Buchheim, Anna (2012): Kinder brauchen Nähe. Sichere Bindungen aufbauen und erhalten. Stuttgart: Schattauer.

Gesellschaft für Logotherapie und Existenzanalyse (1994 und 1998): Emotion und Existenz, Tagungsbericht.

Gibran, Khalil (1993): Der Prophet. 28. Auflage Solothurn, Düsseldorf: Walter.

Haller, Reinhard (2013): Die Narzissmusfalle. Anleitung zur Menschen- und Selbstkenntnis. Salzburg: ecowin.

Haller, Reinhard (2019): Die Macht der Kränkung. 9. Auflage, Salzburg: ecowin.

Heitger, Brigitte (2002): Aspekte des Narzissmus. Außenerscheinung – Beziehungsaufnahme – Fähigkeiten. In: Existenzanalyse 19, 2+3, 34-36.

Hirigoyen, Marie-France (2018): Die Masken der Niedertracht. Seelische Gewalt im Alltag und wie man sich dagegen wehren kann. 19. Auflage, München: dtv.

Hochgerner, Markus; Wildberger Elisabeth (Hrsg.) (1998): Frühe Schädigungen, späte Störungen. 2. Auflage, Wien: Facultas.

Huber, Michaela (2009): Trauma und die Folgen. Trauma und Traumabehandlung, Teil 1. 4. Auflage, Paderborn: Junfermann.

Kohut, Heinz (2018): Die Heilung des Selbst. 12. Auflage, Frankfurt am Main: Suhrkamp.

Kernberg, Otto F. (2019: Borderline-Störungen und pathologischer Narzissmus. 19. Auflage, Frankfurt am Main: Suhrkamp.

Längle, Alfried (2002a): Die grandiose Einsamkeit. Narzißmus als anthropologisch-existentielles Phänomen. In: Existenzanalyse 19, 2+3, S. 12-24.

Längle, Alfried (2002b): Die Persönlichkeitsstörungen des Selbst. Eine existenzanalytische Theorie der Persönlichkeitsstörungen der hysterischen Gruppe. In: Längle, Alfried (Hrsg.) Hysterie. Wien: Facultas, 127-156.

Längle, Alfried (2016) Existenzanalyse. Existentielle Zugänge der Psychotherapie. Wien: Facultas.

Längle, Alfried (2021): Existenzanalyse und Logotherapie. Stuttgart: Kohlhammer.

Lehofer, Michael (2019): Mit mir sein. Selbstliebe als Basis für Begegnung und Beziehung. 10. Auflage, Wien: Braumüller.

Lowen, Alexander (1981): Körperausdruck und Persönlichkeit. Grundlagen und Praxis der Bioenergetik. München: Goldmann.

Maaz, Hans-Joachim (2012): Die narzisstische Gesellschaft. Ein Psychogramm. München: C.H.Beck.

Röhr, Heinz-Peter (2019): Narzissmus. Dem inneren Gefängnis entfliehen. 8. Auflage, Ostfildern: Patmos.

Schirach, von, Ariadne (2019): Du sollst nicht funktionieren. Für eine neue Lebenskunst. 4. Auflage, Stuttgart: Klett-Cotta.

Schmidbauer, Wolfgang (1981): Die Angst vor Nähe. 2. Auflage, Reinbek: Rowohlt.

Tutsch, Lilo (2002): „Wotan trifft Parsifal". Zur Phänomenologie und Therapie der narzißtischen Persönlichkeitsstörung. In: Existenzanalyse 19, 2+3, 25-33.

Van der Does; Willem, Van Straaten, Peter (2008): So bin ich nun mal! Egoisten, Exzentriker und andere Nervensägen erfolgreich ausbremsen. Zürich: Oesch.

Wahl, Heribert (2002): Abschied vom Narzissmus? Der Ansatz der Selbstpsychologie. In: Existenzanalyse 19, 2+3, 49-58.

Wardetzki, Bärbel (2011): Weiblicher Narzissmus. Der Hunger nach Anerkennung. 23. Auflage, München: Kösel.

Winnicott, Donald W. (2006): Reifungsprozesse und fördernde Umwelt. Gießen: Psychosozial.

Waterstradt, Désirée (2019): Eltern sind in eine dienende Rolle gerutscht. In: Der Standard vom 10.12.2019; https://www.derstandard.at/story/2000111946168/soziologin-eltern-sind-in-eine-dienende-rolle-gerutscht [zuletzt abgerufen am: 07.08 2022]

Winterhoff, Michael (2008): Warum unsere Kinder Tyrannen werden. Oder: Die Abschaffung der Kindheit. 13. Auflage, München: Gütersloher Verlagshaus.

Winterhoff, Michael (2009): Tyrannen müssen nicht sein. Warum Erziehung allein nicht reicht – Auswege. 7. Auflage, München: Gütersloher Verlagshaus.

Helene Drexler

ist seit mehr als dreißig Jahren als Klinische Psychologin, Gesundheitspsychologin und Psychotherapeutin in freier Praxis tätig. Sie studierte Psychologie und Pädagogik in Wien und absolvierte die Ausbildung zur Psychotherapeutin mit Fachrichtung Logotherapie und Existenzanalyse. Seit 1993 ist sie für die Gesellschaft für Logotherapie und Existenzanalyse (GLE) als Lehrtherapeutin, Supervisorin und Ausbildnerin tätig. Drexler leitet das GLE-Institut Wien und ist seit 2021 Vorstandsvorsitzende der GLE Österreich.